소녀가 된다는 것

솔직 당당한 십 대의 사춘기와 성 이야기

BEING A GIRL

Text Copyright © Hayley Long 2015
Illustration Copyright © Gemma Correll 2015
Originally published in the English Language as Being a Girl by
Bonnier Zaffe Ltd. London
The moral rights of the author have been asserted
All rights reserved.
Korean translation copyright © 2016 Bomnamu Publishers, an imprint of Hansmedia Inc.
Korean translation rights arranged Bonnier Zaffe Ltd. through EYA(Eric Yang Agency).

이 책의 한국어판 저작권은 EYA(Eric Yang Agency)를 통한 Bonnier Zaffe Ltd. 사와의 독점계약으로 봄나무(한즈미디어(주))에 있습니다. 저작권법에 의해 한국 내에서 보호를 받는 저작물이므로 무단전재와 복제를 금합니다.

소녀가 된다는 것

헤일리 롱 글 | 젬마 코렐 그림 | 김인경 옮김

2016년 9월 19일 초판 발행
2018년 10월 10일 2쇄 발행
펴낸이 김기옥 ● 펴낸곳 봄나무 ● 아동 본부장 박재성
편집 김인애 ● 디자인 나은민 ● 영업 김선주 ● 제작 김형식 ● 지원 고광현
등록 제313-2004-50호(2004년 2월 25일) ● 주소 121-839 서울시 마포구 양화로 11길 13(서교동, 강원빌딩 5층) ● 전화 02-325-6694 ● 팩스 02-707-0198 ● 이메일 info@hansmedia.com

도서주문 한즈미디어(주)
주소 121-839 서울시 마포구 양화로 11길 13(서교동, 강원빌딩 5층)
전화 02-325-6694 ● 팩스 02-707-0198

ISBN 979-11-5613-101-4 73470

● 이 책 내용의 일부 또는 전부를 재사용하려면 반드시 저작권자와 봄나무 양측의 동의를 얻어야 합니다.
● 책값은 뒤표지에 나와 있습니다.

BEING A GIRL

소녀가 된다는 것

솔직 당당한
십 대의 사춘기와
성 이야기

헤일리 롱 글 | 젬마 코렐 그림 | 김인경 옮김

봄나무
Bomnamu Publishers, Inc.

⭐ 추천의 글

열린 사고로 사춘기 소녀들과 교감하는 책

돌이켜보면 나의 십 대 소녀 시절은 형편없었다. 비쩍 말라 키만 컸고 입 안에는 흉칙한 철사 교정기를 끼고 있었다. 소심하고 내성적인 성격 탓에 친구 관계는 고민이 많았고, 주변 아이들이 나를 어떻게 생각할지 몰라 눈치를 보았다. 그 와중에 좋아하는 남학생도 생겼지만 자신 있게 다가가지도 못했다. 그런데도 겉으로는 괜찮은 척, 센 척, 어른인 척! 몸과 마음이 서로 삐뚤삐뚤 어긋나면서 성장하다 보니 나 자신을 있는 그대로 사랑하는 방법조차 몰랐다. 예민한 사춘기 소녀로 사는 일은 그저 어렵기만 했다. 하지만 지금, 어른이 되면서 알게 되었다. 소녀 시절의 고민과 불안은 오로지 나만의 것이 아니었음을. 우리 여자들은 기나긴 인생 속에서 모두가 한 때 그런 불완전한 소녀의 시간을 겪어 내야만 했고, 우리의 딸들 역시도 앞으로 겪게 될 것임을. 소녀들이여 움츠러들 필요는 없다!

《소녀가 된다는 것》은 소녀들의 든든한 지원군이 되어 사춘기에 겪는 정신적, 육체적 변화에 대한 솔직하고 현실적인 조언을 들려준다. 이 책은 소녀들에게 언제나 당당하고 자연스러울 것, 성관계는 금기가 아니라 보다

세심하고 신중해야 하는 것이고, 동성애와 성차별에 대처하는 바람직한 자세는 무엇인지, 또래 압력과 괴롭힘에서 현명하게 벗어나는 법은 어떤 것인지를 조목조목 구체적으로 짚어 준다.

내가 이 책에 흠뻑 반한 이유는, 다른 청소년 성장지침서들과는 달리, 뜬구름을 잡거나, 말을 빙빙 돌려서 하거나, 전문가의 권위를 내세우거나, 고약한 윤리관으로 훈시하지 않기 때문이다. 소녀들의 눈높이에 딱 맞는 편안한 대화체가 쓰인 만큼 《소녀가 된다는 것》은 지극히 현실적인 지혜와 열린 사고로 소녀들을 반기고 포옹한다. 소녀들을 일방적으로 '교육'하기 보다, 소녀들과 '교감'하고자 하는 것이다.

성장은 누구에게나 낯설고 벅찬 일이지만 이 책과 함께라면 우리의 소녀들은 보다 자유롭고 용감해질 것이다. 곧 사춘기 소녀가 될 나의 딸, 윤서와 함께 꼭 다시 읽고 싶은 책이다.

2016년 8월
임경선《태도에 관하여》,《엄마와 연애할 때》저자)

목차

1장. 소녀가 된다는 것 9
- 성별과 정체성
- 트랜스젠더가 되는 것

2장. 간략한 허스토리Herstory 수업 25
- 성별 권력 불균형
- 여성 참정권 운동가
- 일상적인 성차별

3장. 악녀와 호르몬 41
- 〈고양이의 서열〉
- 청소년기와 사춘기
- 또래 압력

4장. 생리, 피할 수 없는 그날의 시발점 73
- 여성 위생 용품
- 월경전 증후군
- 생리통에서 살아남는 법

5장. 화장, 의상, 첫인상 95
- 얼굴에 관한 진실
- 화장할 때 꼭 지켜야 할 것/ 절대 하지 말아야 할 것!
- 옷장 속 준수 사항/ 옷장 속 금기 사항!

6장. 꼭 필요해, 털 117
- '네 머리카락은 어떠니?' 테스트
- 염색
- 체모에 대한 몇 가지 이론들

7장. 심장이 쿵, 문제는 사랑 153
- 네 단짝 친구에게 반했다면?
- 품위를 갖춘 결별
- '좋은 여자 친구' 테스트

8장. 이럴 땐 이렇게, 성관계에 관한 필수 정보 189
- 권리 포기 각서
- '왜 콘돔을 사용해야 하나' 순서도
- 경구 피임약

9장. 여자가 된다는 것 211
- 소녀와 나비

☆ 도움이 될 만한 웹 사이트와 전화번호 221
☆ 유용한 용어 간편하게 찾아보기 222
☆ 감사의 말 224

> 이건 너를 위한 책이야.
> 맞아, 바로 너.

✦ 일러두기

- 이 책에 나온 청소년 관련 법률과 기관은 우리나라의 실정에 맞게 바꾸었습니다.
- 본문과 각주 속에 들어간 우리나라의 예시는 이해를 돕기 위해 옮긴이가 추가한 것입니다.

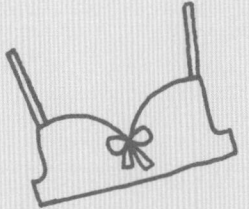

1장
소녀가 된다는 것

소녀가 된다는 건 굉장한 일이야.

무엇보다 십 대 소녀가 된다는 것은 특별히 굉장한 일이지.

넌 아직 다 자란 어른이 아니야. 그건 참 괜찮은 점이기도 해. 네가 항상 현명하게 행동하길 기대하는 사람이 아무도 없다는 뜻이거든. 하지만 동시에, 이제는 꼬마가 아니라는 말이기도 해. 이것도 마찬가지로 꽤 맘에 들 거야. 할머니가 손수 한 땀 한 땀 떠 준 촌스러운 청록색 망토를 입으라고 강요할 사람이 없다는 뜻이니까.

십 대 소녀 시절엔 진짜로 하고 싶은 일을 할 시간이 엄청나게 많아. 잠자고 수다 떨고 큰 소리로 노래도 듣고 또 자고, 쇼핑하고 멋진 옷도 입고 또 자고, 수다 떨면서 옆구리가 쑤실 때까지 배꼽이 빠져라 웃다가 또 자고, 꿈을 꾸면서 이것저것 내키는 대로 해 보기도 하고.

십 대 소녀 시절엔 성가시고 지루한 일을 해결하느라 골머리를 앓을 필요도 없어. 취직을 한다거나 세금을 내는 그런 일들 말이야.

요점을 말하자면, 네가 지나고 있는 이 시기는 그 무엇과도 견줄 수 없이 특별하다는 거야.

그러니 즐겨!

소녀가 된다는 것

그럼, 그렇게 소중한 시간을 왜 이런 책이나 읽으면서 낭비해야 하냐고?

꿈꾸던 십 대의 삶을 그냥 살면 되는 거 아니냐고?

맞아. 하지만, 아니라는 대답도 해야겠어. 꿈꾸던 삶을 살도록 해, 꼭. 그런데 두어 시간 정도 짬을 내서 이 책도 읽어 봐. 뭔가 쓸모 있는 것들을 얻어 낼 수 있을 거야. 넌 **너의 나이 그 자체만으로도** 이 지구라는 별에서 **가장 빛나는 존재**일 테지만, 사실 십 대가 되었다고 마냥 떠들썩하게 환호할 수만은 없을 거야.

가끔은 정말이지 이성의 끈을 놔 버리고 싶을 정도로 황당한 데다 **섬뜩하리만치 이상**하거든.

이따금 아랫배의 불쾌한 통증을 겪기도 하지. 아마 이미 알고 있을지도 모르겠다.

아랫배를 부여잡고 끙끙대다 보면 차라리 남자로 태어났으면 하는 생각이 절로 들지도 몰라. 만약에 남자아이들이 별 탈 없이 이 시기를 보낼 거라고 생각한다면, 다음 세 가지를 곰곰이 따져 봐.

1. **방에서 나는 냄새**. 네 방에서는 분명히 좋은 냄새가 날 거야. 내 말이 맞지? 자, 그럼 네 오빠나 남동생의 방을 떠올려 봐.[1] 더는 얘기 안 할게.

2. **남자들의 몸은 이상해**. 비하하려는 게 아니야. 사실을 말하는 거라고. 아니라고 우겨 봐야 소용없어. 음경은 정말이지 기이한 신체 기관이거든. 물론 그 나름의 쓰임새가 있지. 사실, 엄청 기막힌 일들을 해내잖아. 하지만, 터놓고 말해 보자고. 정말 너도 음경을 갖고 싶은 거야?

   천만에. 나도 마찬가지야.

---

[1] 남자 형제가 없다고? 괜찮아. 집에서 빈 공간을 찾아, 거기에 축축한 풀을 던져 놓는 거야. 햄스터 두어 마리랑 으깬 감자 몇 숟가락이랑 흙이 잔뜩 묻은 축구화도 같이. 그리고 나서 숨을 깊게 들이마셔 봐. 만일 남자 형제가 있다면 그 방에서 어떤 냄새가 나는지 체험해 볼 좋은 기회가 될 거야. 더도 덜도 아닌 딱 그만큼이야.

3. **남자아이들 중엔 한때 음경에 강박적으로 집착한 나머지 닥치는 대로 그걸 그려야 직성이 풀리는 아이들도 있어.** 학교 의자나 책상 같은 곳에 말이야. 그리고 벽에도. 또 버스 정류장에도. 만약에 네가 남자로 태어났다면, 흥분해서 땀으로 끈적이는 매직펜을 움켜쥐고 손이 닿는 곳을 모조리 고추로 장식해 대는 녀석이 바로 너일 수도 있었다고…….

그래도 남자로 태어났으면 싶니?

만약 '그래'라는 대답이 튀어나온다 해도 **겁먹지는 마**. 그런 생각을 하는 사람은 너뿐만이 아니니까. 그럴 수 있어. **성별**은 우리의 마음에 들고 말고는 상관없이 떠맡겨진 거니까. 이를테면 곤란한 생일 선물 같다고나 할까. 아니면 아까 말한 그 손수 한 땀 한 땀 뜬 할머니의 망토 같은 존재지. 성별에 관해선 조금 뒤에 이야기하자.

네가 '그래'가 **아니라**

······라고 대답한다면, **자매의 세계에 온 걸 환영해**, 친구야. 여자로 태어났다는 건 축하를 받아야 마땅한 일이지. 그 말은 이런 뜻이야. 넌

그래, 아랫배를 부여잡고 끙끙거려야 하는 때도 있어. 또 갖가지 곤란한 상황을 겪을지도 몰라. 하지만 이것만은 분명히 말해 둘게.

그런 개 같은 순간을 너 혼자서 감당해 낼 필요는 없어.

 소녀가 된다는 것

우리들이 아주 능숙하게 해내는 **한 가지**가 있잖아. **바로 어떤 기분인지 이야기하기**. 이건 정말 편리한 방법이야. 이 말은 어딘가에 있는 누군가, 그러니까 네 단짝 친구나 마음씨 고운 네 언니나 여동생이 됐든, 아니면 네가 믿고 따르는 이모나 잡지의 상담 코너에 편지를 써 보낸 이름 모를 여성이 됐든, 그 누구라도 **정확히** 네 기분을 이해해 주고 기꺼이 자신이 경험한 바를 들려줄 거라는 뜻이기도 하니까. 그러면 곤란한 상황이 조금은 덜 힘들게 느껴지고 마음은 더 편해질 거야. 만에 하나라도 자신이 **아무에게도** 이해받지 못하는 외톨이라는 생각이 든다면, 절대 그렇지 않아! 너에겐 **내가** 있잖아. 내가 너에게 이야기해 줄게, 이 책을 통해서 말이야.

그런데, 도대체 내가 누구냐고?

난 십 대에 관한 것들을 써. 이 책에서의 내 임무는 십 대 소녀에 관해 **내가 아는 모든 것**을 들려주고, 인생의 가혹한 순간을 견뎌 내도록 이끄는 거야. 난 그런 일들에 대해 아는 게 꽤 많거든, 왜냐하면 말이지

1. 나도 그랬으니까.

2. 지금도 여자니까.[2] 이 말은 여자로 태어났다는 뜻이야. 정말이야. 그냥 나이만 좀 많을 뿐이라고.

3. 난 작가라는 직업 말고도 수년간 영어 선생님으로 일한 경험이 있어. 이 말은 십 대 소녀들과 안 해 본 이야기가 거의 없다는 뜻이기도 해. 그게 다 책 덕분이지 뭐야! 책에는 흥미진진하고 다양한 이야기들이 가득해서 갖가지 재미있는 대화를 나눌 수 있거든. 그중에서 셰익스피어의 희곡은 정말 끝내줘. 왜냐하면 셰익스피어는 이런 주제를 좋아했거든.

---

[2] 내가 여자라는 상황은 바뀌지 않을 것 같아.

그런데 말이야, 너 혹시 줄리엣이 로미오와 결혼하려고 아무도 몰래 집을 나섰을 때 몇 살이었는지 아니? 열세 살이야.

열세 살!

그러니까 요즘 젊은이들이 엉망이라고 말하는 누군가를 만난다면, 살짝궁 무시해 버리렴. 그렇게 말하는 사람들이 잘못된 거야. 내킨다면 언제든지 로미오와 줄리엣을 증거로 들어도 좋아.

4. 나는 소년들 여럿과도 이야기를 나눠 봤어. 그러니까 **너희들은 모르는 정보를** 알고 있다는 얘기지. **남자애들이 무슨 생각을 하는지** 조금 들려줄 수도 있어. 그리고 그거 아니? 난 펜으로 그려 놓은 고추들을 지워 없애는 일도 했다고. 털이 숭숭 난 불알 그림들도 말이야.

약속할게. 너를 얼굴에 유아용 과자 부스러기나 묻힌 어린애 다루듯 하지 않겠다고. 그냥 있는 그대로 다 이야기해 줄게.

그런데 말이야, 본격적인 이야기를 시작하기 전에 내 개인적인 비밀을 하나 털어놓으려고 해. 난 십 대 소녀 시절엔 정말 형편없었어.

형편없었다고.

그냥 내 생각이었을지도 모르지. 만약에 시간을 거슬러서 과거로 돌아가 열세 살의 나에게 언젠가 이 책을 쓰는 중요한 임무를 맡게 될 거라고 말해 준다면, 난 중년의 내 얼굴에 대고 웃음을 빵 터트리면서 이렇게 이야기하겠지.

> 나한테 그런 책을 쓰라고 할 리가 없어요. 난 아직 브라도 하지 않았다고요!

이 슬픈 이야기는 실화야. 십 대 때 나 자신이 형편없다고 생각했던 이유이기도 하고.

형편없고 어이없고.

진실

이제 네가 읽게 될 건 내가 이제껏 쓴 글 중에서 가장 중요한 문장일 거야.

소녀가 되는 데는 올바른 방법도 형편없는 방법도 없다.

너는 꽤 괜찮은 사람이고 앞으로도 잘 지내리라는 사실을 명심해.

좋아, 시작하자.

그럼, 어려울 건 없겠네? 소녀가 되는 데 잘못될 일이 뭐가 있겠어?

흠. 꼭 그렇지도 않아.

특정한 나이에 이르러서 소녀가 되는 일은 사실 꽤 **복잡해**. 어쩌면 너도 벌써 깨달았을지도 모르겠다.

복잡해지기 시작한 건 우리가 세상 속으로 툭 던져진 바로 그 순간부터야. 어쩌면 그 전일 수도 있고. 어쩌면 의사나 간호사가 컴퓨터 화면에 어렴풋하게 보이는 점을 가리키면서 이렇게 말하던 순간이 진짜 시작일지도 몰라.

'오오오, 여자아이네요.' [3]

그 어렴풋하게 보이던 점이 바로 **너**니까.

부담감이 시작되는 건 바로 그 때지.

여기서 잠깐 내가 가르치던 학생들로 구성된 표본 집단을 소개할게. 대략 60명 정도의 남녀 고등학생으로 이루어졌어. 표본 집단 학생들은 각자 자라면서 겪은 일을 들려주었고 그 이야기는 나에게 큰 도움이 되었지. 그룹의 여자아이들은 다음 세 가지 질문에 답을 적어 주기도 했어.

1. 여자라서 가장 좋은 점 세 가지는?
2. 여자라서 가장 싫은 점 세 가지는?
3. 열세 살의 너에게 해 주고 싶은 조언은?

여기서 2번에 대한 대답을 몇 가지 소개할게.

<u>외모가 괜찮아야 한다는 부담감</u>

<u>외모가 괜찮아야 한다는 부담감에 시달리는 것</u>

<u>내가 아닌 누군가가 되어야 한다는 부담감</u>

<u>'여성스럽고' + 예뻐야 한다는 부담감</u>

<u>'남자친구'를 사귀어야 한다는 부담감</u>

---

[3] 만약 이 책을 읽는 당신이 소년이거나 성인 남성이라면 이런 말을 듣지는 않았을 거예요. 우선 이 자리를 빌려 자랑스럽다는 말을 전할게요. 《소녀가 된다는 것》이라는 책을 읽을 만큼 멋지고 호기심 많은 분이니까요. 감사합니다. 필승!

반복되는 부분이 보이니? 그래, 'ㅂ'으로 시작하는 단어야. 그 단어는 불쑥불쑥 나타나고 또 나타나지.

그런데 이 **부담감**은 도대체 어디서 오는 걸까?

음, 그 부분은 진짜 중요한데 바로……

성별과 정체성

사람들은 다양한 집단에 속해 있어. 예술 동아리나 운동부나 스카우트 같은 작은 집단에서 활동하는 사람도 있고, 그냥 회원 명부에 이름만 올려놓은 사람도 있어. 커다란 집단도 있지. 노동자라든가 중산층처럼. 또 영국인이나 프랑스인이나 미국인으로 분류하기도 해. 흑인이나 동양인이나 유대인으로 나누기도 하고. 이런 집단을 공동체나 사회 집단이라고 불러. 엄청나게 많은 구성원을 포함하는 가장 큰 집단은 꼬리표나 설명이 필요 없어. 그냥 사회라고 부르면 되니까.

사회 안에는 모든 것에 대한 의견이 존재해. 분명히 소녀란 무엇인지에 대한 의견도 있을 거야. 그래서 성별을 알아낸 그 순간부터 사회는 우리가 어떤 모습이어야 하고 어떻게 행동해야 할지를 담은 메시지를 퍼부어 대기 시작해. 이런 메시지들은 텔레비전, 잡지, 책, 영화뿐만 아니라 가족들이나 친구들을 통해 전달되기도 하지. 우리가 이런 메시지를 받는 이유는 무척 복잡해. 하지만 대개는 남자들은 털북숭이 매머드와 영양 떼랑 싸우고 여자들은 동굴 안에서 아기를 돌봐야 했던 옛날 옛적부터 내려온 유물이야.

 소녀가 된다는 것

기본적으로, 메시지는 이런 식으로 작동해.

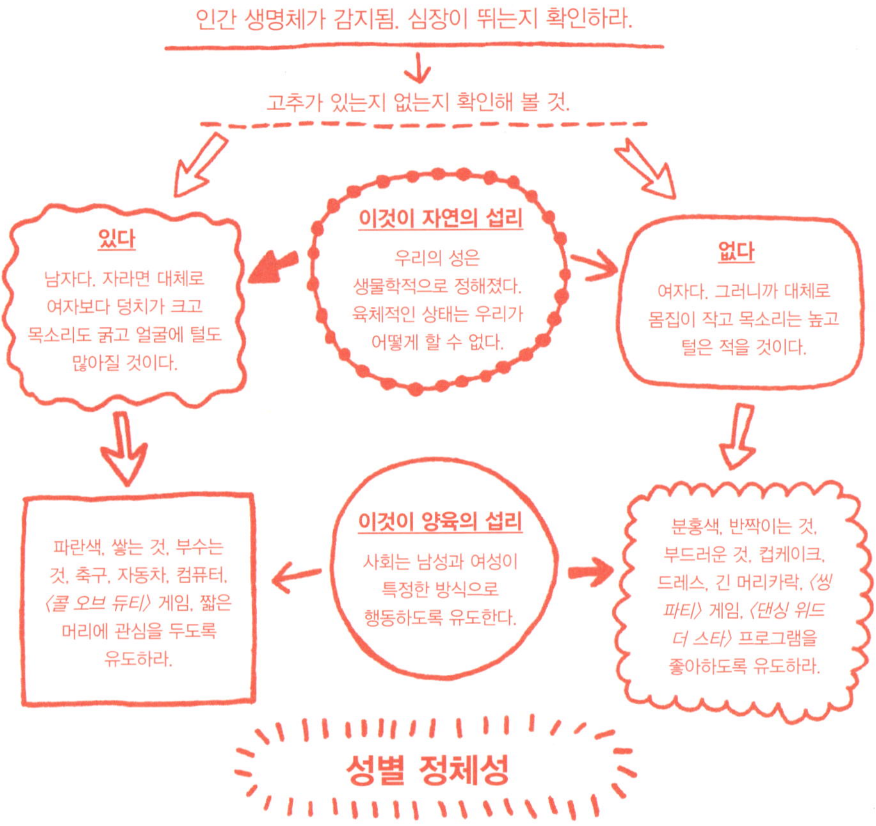

인간 생명체가 감지됨. 심장이 뛰는지 확인하라.
↓
고추가 있는지 없는지 확인해 볼 것.

있다
남자다. 자라면 대체로 여자보다 덩치가 크고 목소리도 굵고 얼굴에 털도 많아질 것이다.

이것이 자연의 섭리
우리의 성은 생물학적으로 정해졌다. 육체적인 상태는 우리가 어떻게 할 수 없다.

없다
여자다. 그러니까 대체로 몸집이 작고 목소리는 높고 털은 적을 것이다.

파란색, 쌓는 것, 부수는 것, 축구, 자동차, 컴퓨터, 〈콜 오브 듀티〉 게임, 짧은 머리에 관심을 두도록 유도하라.

이것이 양육의 섭리
사회는 남성과 여성이 특정한 방식으로 행동하도록 유도한다.

분홍색, 반짝이는 것, 부드러운 것, 컵케이크, 드레스, 긴 머리카락, 〈씽 파티〉 게임, 〈댄싱 위드 더 스타〉 프로그램을 좋아하도록 유도하라.

성별 정체성

이런 **'자연의 섭리 + 양육의 섭리 = 성별 정체성'** 이라는 시스템은 누군가에게는 시곗바늘이 움직이는 것처럼 편안하게 작동하겠지만 누군가에게는 엄청난 압박으로 작용하기도 해. 사실, 대부분의 사람은 인생에서 특정한 기간을 거치는 동안 경험하는 여러 가지 압박을 자연스럽게 받아들여. 어떤 모습이어야 한다는 말을 듣는다고 항상 발끈하지는 않으니까. 게다가 외모는 이상과 일치하지도 않잖아.

이렇게 약간은 부담스럽고 조금은 다른 감정을 경험하는 일은 무척 흔해. 그러니까 네 가방이 분홍색이거나 반짝이지 않는다고 욕하지는 마. 대신 군복 무늬 바지를 자신 있게 입으면 돼. 넌 혼자가 아니야.

트랜스젠더가 되는 것

아주 가끔이지만 부담감은 생각 이상으로 심각하기도 해. 매일 아침, 잠에서 깰 때마다 '맙소사! 완전 다른 사람의 몸에 갇힌 느낌이야!'라는 생각을 한다고 상상해 봐. 왜 이런 일이 일어나는 걸까? 정답을 아는 사람은 아무도 없어. 하지만 성별은 사회가 만들어 냈다는 사실을 잊지 마. 게다가 선택할 거리가 다양하지도 않아. 우린 모두 새인지 사람인지 깔끔하게 분류된 꼬리표가 붙어 있어. 그 꼬리표는 우리가 선택하지도 못해. 우리 몸 또한 마찬가지야. 그 촌스러운 청록색 망토 같은 상황이 또다시 발생하는 거지. 우리가 원하건 말건 상관없이 짊어져야 하는 것들 말이야. 그러니 만일 네가 인간의 육체를 가졌지만 새라는 생각이 든다면 어떨까? 혹시 그 반대라면? 만약에 네가 잘못된 몸으로 태어났다는 **생각이 무척 강하게 든다면** 어떨까?

어떤 사람들은 항상 그렇게 느껴. 그런 걸 **트랜스젠더**가 된다고 해. 이런 상황에 처한 이들 중 많은 수가 강한 확신을 갖고 그 상황을 해결하고자 수술대 위에 누울 준비를 해. 그건 엄청난 결정인 데다 실행에 옮기기 위해서도 굉장한 용기가 필요해.

이걸 읽는 중에 그런 감정을 자각한다면, 모든 것을 너 혼자 짊어지고 고민해선 안 돼. **누군가 믿을 수 있는 사람에게 꼭 털어놓으렴.** 혹시라도 그게 너무 벅차다면 '청소년성소수자위기지원센터 띵동 http://ddingdong.kr'에 연락해 봐. 그곳은 성별 정체성 문제로 고민하는 청소년들을 돕는 기관이야.

이 책 마지막 부분에 연락처도 적어 놓을게.

하지만 우리 대다수가 느끼는 부담감은 이런 거야.

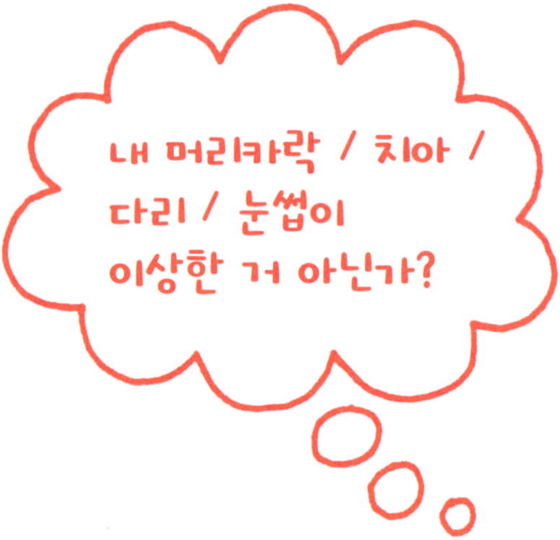

내 머리카락 / 치아 / 다리 / 눈썹이 이상한 거 아닌가?

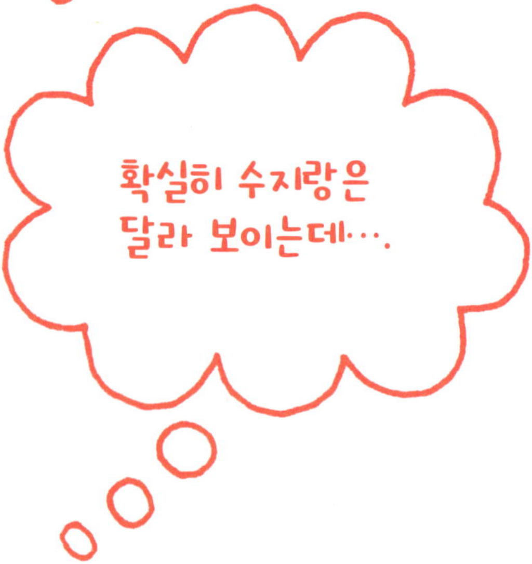

확실히 수지랑은 달라 보이는데….

자기도 모르는 사이에 우리는 자신을 판단하고 있지. 게다가 다른 사람을 판단하고 있을지 몰라. 이런 식으로 말이야.

넌 소녀가 될 자격이 충분하니?

아래에서 해당되는 부분에 체크해 봐.

- ☐ 분홍색을 좋아한다.
- ☐ 어깨끈이 가느다란 옷을 입으면 멋져 보인다.
- ☐ 굽이 높은 구두를 신고 아무렇지도 않게 걸을 수 있다.
- ☐ 머리카락이 길고 윤기가[4] 흐른다.
- ☐ 한 손으로 아이라이너를 그릴 수 있다.
- ☐ 밸런타인데이에는 날아갈 듯 행복하다.

하지만 언제나 그렇듯이 네가 소녀가 될 자격이 충분한지 판단하는 일은 이렇게 단순하지만은 않아. 6개 항목 중 6개 모두에 해당한다면, 정말 멋져! 네 옷의 가느다란 어깨끈을 꽉 조이고 윤기가 자르르 흐르는 머리카락을 뒤로 휙 넘긴 다음 **네 방식 그대로** 계속해 나가면 돼. 사회가 우리 모두에게 바라는 그런 소녀가 되는 것은 **분명히 전혀 해로울 것이 없으니까.** 다만 이 말을 기억해 두면 좋을 거야.

다른 본보기도 많아.

---

[4] 나는 이 단어를 샴푸 통에서 수만 번도 넘게 봤어. 막 찾아봤는데 반질반질하고 매끄럽고 엄청 멋지다는 뜻이더라.

소녀와 소년은 붕어빵처럼 만들어지는 존재가 **아니야**. 틀로 찍어 낸 듯 모두 똑같은 모습이 아니잖아. 우리가 영화 속이나 광고에 등장하는 사람들처럼 생기지 않았다고 문제 될 건 없어. 우리를 그 사람들과 동일시하지 않는다고 문제가 일어나지도 않지. 진실은 우리는 모두 다르다는 거야. 어떤 소녀들은 분홍색을 좋아하고 어떤 소녀들은 축구 스티커를 모으고 어떤 사람들은 코가 비뚤어지고 어떤 열세 살짜리 소녀들은 러닝셔츠를 입기도 하지. 그런 일에는 **옳고 그름**이 적용되지도 않아.[5]

그러니까 체크 표시가 6개 미만이라거나 전혀 없대도 그것 역시 멋진 일이야! 왜냐하면 소녀가 되는 데는 수천 가지 방법이 있거든. 너만의 독특한 방법도 그중 하나라고.

---

[5] 괜찮은 사람이 되려고 반만이라도 노력하는 한은 말이야. 재수 없는 인간을 좋아할 사람은 아무도 없잖아.

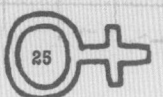

2장
간략한 허스토리 Herstory 수업

성별 권력 불균형

이미 이 책을 쓰느라 손가락이 떨어져 나갈 지경이긴 하지만 《소녀가 된다는 것》이라는 제목을 단 책을 쓰는 사람이라면 누가 됐건 이 말은 꼭 하고 넘어가야 한다는 생각이 들어. 이건

이거든. 바로 남자들의 세계에 관한 이야기야.

상처가 조금이라도 덜했으면 하는 마음에 아주 작게 썼어. 하지만 보시다시피 그래. 현실인 거지. 바다엔 물이 많고 사막엔 모래가 많고 우리는 남자가 지배하는 세상에서 살아가는 여자들이야.

맞아, 불공평해. 사실, 이 일을 두고 지나치게 고민하다가는 정말 견디기 힘들어질 거야. 그건 우리 잘못이 아니잖아. 그런데 다시 한 번 말해 두지만, 지구 상의 모든 남자를 미워하지는 마. 그 사람들의 잘못 또한 아니니까.

그냥 원래 그랬어. 지금껏 말이야.

아주 오랜 세월 동안 그런 상황이 이어져 온 거지. 내 생각엔 옛날 옛적, 그러니까 우리가 모두 동굴에 살았던 **오래전** 그 시절부터 내려오는 또 다른 별난 유물인 것 같아. 야생 동물을 사냥한 뒤 가족을 위해 무거운 고깃덩어리를 집으로 끌고 오는 일은 절대적으로 중요했을 거야. 슈퍼마켓이나 편의점이 아직 생기지 않았을 테니까 말이야. 하지만 누군가는 동굴에 남아서 아기를 돌봐야 했어. 왜냐하면 어린이집 역시 아직 생기지 않았을 테니까. 그러니까 남자들은 밖으로 나가 맹수를 죽인 뒤 고기를 집으로 가져오고 여자들은 동굴 속에 머물렀던 거야. 이것이 그 사람들의 **성 역할**로 굳어졌지.

간략한 허스토리Herstory 수업

그 말은 여자들이 매일 아이를 양육하느라 애쓰는 사이 남자들은 다른 모든 일을 해내야 했다는 뜻이기도 해. 이런 상황이 남자들에게 권력을 실어 줬어. 그런 식으로 엉뚱한 원시인의 손에 들어간 권력은 불공평한 사회를 만들어 냈고, 그런 사회에서 남자들은 여자들보다 많은 기회를 누리면서 세계를 무대로 자신의 선택권을 넓혀 갔지. 그게 바로 이거야.

사회가 변하려면 아주 오랜 시간이 걸리겠지.

여기서 잠깐 한숨 돌리자. 다음 문장을 큰 소리로 읽어 봐. 아주 중요하거든.

 소녀가 된다는 것

남자들은 좋겠다.
우리처럼 성별 권력 불균형에 대해 문제를 제기할
일도 없었을 테니까.

아마 넌 '뭐 그렇긴 해도 권력에 미친 원시인이 이제 와 무슨 상관이라는 거야? 세상은 달라졌다고.'라고 생각할 수도 있어.

음, 그건 그래. 하지만 그것도 아주 최근 일이야. 생각해 봐. 아주 오래전으로 거슬러 올라가 보자고. 너는 엄청나게 유명한 남자들 이름을 몇 명이나 댈 수 있니?

우선 이런 사람들이 있어.

> 레오나르도 다빈치, 줄리어스 시저, 윌리엄 셰익스피어, 제임스 쿡 선장, 크리스토퍼 콜럼버스, 헨리 8세, 에이브러햄 링컨, 루트비히 판 베토벤, 무함마드, 정복자 윌리엄, 아이작 뉴턴, 윌리엄 워즈워스, 찰스 디킨스, 볼프강 아마데우스 모차르트, 나폴레옹 1세, 이점바드 브루넬, 리처드 3세, 예수, 올리버 크롬웰, 아서 코난 도일 경, 훈노족 왕 아틸라, 가시 공작 블라드, 조지 워싱턴, 넬슨 경, 마르코 폴로, 월터 롤리 경, 앨프레드 대왕…….

계속할 수도 있어.

하지만 옛날 옛적에 살았던 엄청나게 유명한 여성들의 목록을 만드는 일은 훨씬 더 어려워.

> 엘리자베스 1세, 빅토리아 여왕, 샬럿과 앤과 에밀리 브론테, 앤 불린, 마리 앙투아네트, 잔 다르크, 신사임당… 음…….

간략한 허스토리Herstory 수업

엘리자베스 여왕이랑 빅토리아 여왕은 나라를 다스릴 남자 형제가 없다는 이유로 왕위에 올랐기 때문에 상당히 맘에 들지 않는 목록이 되어 버리지. 샬럿과 앤과 에밀리 브론테 자매는 각각 캐러, 악톤, 엘리스 벨이라는 이름으로 첫 소설을 냈어. 여자가 쓴 글이라는 사실을 독자들이 눈치 못 채도록 하기 위해서였어. 앤 불린과 마리 앙투아네트는 왕과 결혼하고 교수형을 당해 유명해졌어. 잔 다르크는 남장을 하고 말뚝에 묶여 산채로 화형을 당해서 유명해졌고, 신사임당은 재능을 인정받은 조선의 화가였지만 율곡 이이의 어머니이자 최고의 현모양처로 더 많이 알려졌지. 어떤 경우도 소녀들에게 좋은 소식을 가져다주지 못해.

물론, 목록에 이름을 올릴 만한 다른 유명한 여성들도 있긴 하지만 그 또한 그리 많은 수는 아니야. 게다가 그 이유가 옛날 옛적 여성들이 재능이 없었기 때문이 아니라 그 당시 여성들은 자신의 이야기를 들려줄 만한 기회가 거의 없었기 때문이라는 거지. 역사History는 정말 남성들의 이야기his story야. 아주 오랫동안 역사는 남성**에 의해** 쓰인 남성**에 대한** 독점적인 기록이었던 셈이지.

이 모든 일이 너를 괴롭힌다면 심호흡을 하고 큰 소리로 이렇게 말해 봐.

남자들은 필요하다. 남자는 여자가 존재하는 데 필수적이고 유익한 존재다.

이해가 되지?

좋아, 계속 이야기해 보자.

여성 참정권 운동가

다행히도 여러 가지가 변하고 있어. 제1차 세계 대전 뒤로 성별 권력 불균형에 조금은 균형이 잡혔거든. **그건 여성 참정권 운동가**라는 사람들과 큰 관련이 있지. 이 여성들이 바로 페미니스트야.[6] 이들은 1800년대와 1900년대 초에 살던 사람들인데 아주 요란하고 때로는 무척 폭력적이기도 한 활동을 벌였어. 바로 여성이 투표할 권리를 얻기 위해서였지. 1913년 에밀리 와일딩 데이비슨Emily Wilding Davison이라는 한 영국 여성은 대의명분을 위해 목숨을 내던지기도 했어. 에밀리는 앱섬 더비 경마장에서 여성 참정권 운동의 깃발을 들고 당시 국왕이었던 조지 5세의 경주마 앞으로 뛰어들었어. 그러고는 경주마의 발굽에 짓밟혀 목숨을 잃었지. 에밀리는 살아생전 자신의 국가가 어떤 식으로 운영되어야 할지에 대해 한마디 할 기회조차 얻지 못했던 거야. 에밀리와 세계 곳곳의 여러 여성 참정권 운동가들 덕분에 이젠 대부분의 나라에서 여성들도 투표를 할 수 있게 되었어. 정말 다행이지. 아직 전부는 아니지만 말이야.

---

[6] 페미니스트는 남녀가 평등하다고 믿는 사람들이야.

간략한 허스토리Herstory 수업

그러니까 성인이 되었을 때 정치인들은 전부 헛소리를 지껄이고 있으니 투표하지 말아야겠다는 생각을 해선 안 돼. 이러나저러나 투표를 하는 것이 옳은 일이니까. 에밀리를 위해서라도 말이야.

그런데 이봐요, 정신 차리시죠, 꼰대 양반! 지금은 21세기라고요!

맞아, 그렇지. 하지만 평등을 위한 노력은 아직 끝나지 않았어.

~~~~~~

성차별

아직도 황당한 성차별이 이곳저곳에 팽배하지. 지금도 평균적으로 남자가 여자보다 돈을 훨씬 많이 번다는 사실을 알고 있니? 2012년에 영국 여성 축구팀 주장이 한 신문과의 인터뷰에서 이런 말을 했어. 자신이 축구 선수로 뛰면서 버는 연봉이 프리미어리그에서 뛰는 (남성) 선수가 단 하루 만에 버는 돈과 같다고 말이야.

분명히 그건 오프사이드라고!

그건 그렇고, 이건 케이시 스토니Casey Stoney의 이야기야. 케이시는 잉글랜드 대표팀 선수로 경기에 100회 이상 출전했어. 2009년에는 팀을 유럽 축구 연맹UEFA 여자 유럽 축구 선수권대회 결승전으로 이끌었고 2007년과 2011년 월드컵에서는 준준결승에 오르는 데 큰 역할을 했어. 그뿐 아니라 런던 올림픽에서는 팀의 주장으로 활약했지. 이런 수많은 업적을 대면 케이시 스토니라는 이름이 조금은 익숙하게 느껴질 거야, 안 그래?

일상적인 성차별 Everyday Sexism

너도 들어 본 적 있을 거야. 이 말은 일상에 팽배한 성 편견과 불평등을 드러내기 위해 사용되지. 개념은 단순할지라도 전 세계의 여성들은 그것 때문에 매일매일 트집 잡히고, 시달리고, 불공평한 대우를 겪는다고 목소리를 높여.
한 여성이 그리스 코르푸 섬에서 휴가를 보내는데 모터보트를 빌리지 못했다는 내용을 트위터에 올렸어. 이유가 뭐냐고? 여자였기 때문이야. 그래서 '사고를 낼 가능성이 커서'였대! 다른 여성은 음식을 더 먹으라는 말과 함께 '남자들은 뭔가 쥘 게 있는 여자를 좋아한다'는 이야기를 들었대. 또 누군가는 일에 너무 집착하는 것 아니냐며 그게 다 '결혼도 하지 않고 아이도 없기 때문'이라는 소리를 들었대.

2014년 12월로 트위터 아이디 @EverydaySexism의 팔로워가 20만 명을 넘어섰어. 이 사실이 신나는 일인지 우울한 일인지 분간이 가지 않긴 해. 하지만 이제는 여성들도 성차별적인 행동을 아무렇지도 않은 척 넘기지 않겠다는 뜻은 분명해. http://www.everydaysexism.com 에서 일상적인 성차별에 관해 더 많은 정보를 얻을 수 있어.

걱정되는 건, 성차별이 사람들의 행동에만 국한되는 것이 아니라는 점이야. 성차별은 어디에나 있어. 심지어 우리가 사용하는 언어에도 존재하지. 대학에 가서 공부하면 문학사 학위 Bachelor of the Arts[7]를 받아. 이학사 학위 Bachelor of Sciences 일 수도 있지. 공부를 좀 더 하면 문학 석사 학위 Master of the Arts나 이학 석사 학위 Master of Sciences를 받아. 땅에서 뽑고 식물에서 자라고 숨을 쉬고 트림하고 눈을 깜빡이는 것을 제외한 나머지는 몽땅 남자가 만들어 낸 것으로 묘사되지.

---

[7] 여기서 문제가 되는 부분은 총각 bachelor이라는 단어를 사용했다는 점이야. 총각은 결혼하지 않은 남자를 가리키는 말이고, 대학에서 4년을 죽어라 공부하고 얻는 학위의 이름이 그거야. 정말 두서없이 지은 이름 아니니? 한국의 경우도 크게 다르지 않아. 한번 들어 봐. 여교수, 여의사, 여기자, 여사장…… 익숙한 단어들이지? 그런데 혹시 남교수, 남의사, 남기자, 남사장이란 말을 들어 본 적 있니? 특정 직업 앞에 '여'자를 붙이는 이유는 그 직업은 남자가 할 일이라는 생각이 은연중에 반영되었기 때문이야. 성차별적 언어 사용의 대표적인 사례야.

간략한 허스토리Herstory 수업

너도 눈치챘을 거야. 학교에서 사용하는 언어도 충격적일 정도로 불공평하다는 사실을 말이야. 남자 친구가 자주 바뀌는 여자 있지? 맞아. 너도 알고 있을 거야. 그런 여자를 잡년, 걸레, 냄비, 쓰레기, 헤픈 년, 매춘부, 난잡한 계집애, 창녀라고 부르잖아?

그럼 남자에 대해 생각해 보자고. 자기 물건을 바지 속에 얌전히 두지 못하는 남자 말이야. 그런 남자를 뭐라고 부를까?

그거야, 여자 친구들. 인생은 **엿** 같아. 우리가 할 수 있는 최선은 **그에 연연하지 않고** 성차별적인 명칭을 쓰레기통에 던져 넣는 거야. 아이코.

여자들이 나가신다

이번 장은 아주 금방 끝날 테지만 난 네가 다음 장으로 넘어갈 때 기분이 가라앉거나, 옴팡 뒤집어쓴 느낌이 들거나, 발을 쾅쾅 구를 만큼 분노하지 않았으면 해. 더욱이 네 오빠나 남동생이나 남자 친구나 아빠나 삼촌이나 남자 사람인 친구에게 버럭 고함을 지르며 닦달하지는 않았으면 한다는 점도 분명히 할게. 자, 긍정적인 자세를 취하고 마음을 굳게 먹어 봐. 좋은 것만 생각하는 거야. 오늘날 대부분의 사람들은, 여성과 남성을 막론하고 바로 그 성별 권력의 불균형을 균형이 잘 맞춰진 시소처럼 만들기 위해 온 힘을 다하고 있으니까 말이야.

이 기회에 나도 힘을 좀 보태 보려고 해. 아주 훌륭하지만 역사의 소용돌이에 휩쓸려 버린 수많은 여성 중 단 몇 명의 이름이라도 언급해 볼게.

간략한 허스토리 Herstory 수업

기억해 둬야 할 6명의 여성

에이다 러브레이스 ADA Lovelace

그냥 이름이 최고로 멋지니까, 에이다 러브레이스(1815~1852)부터 시작할게. 에이다는 영국의 수학자였어. 종종 세계 최초의 컴퓨터 프로그래머로 소개되는 사람이야.

메리 시콜 Mary Seacole

플로렌스 나이팅게일(1820~1910)의 이름은 많이 들어 봤을 거야. 그런데 메리 시콜이라는 이름은 들어 본 적 있니? 메리는 1805년 태어나 1881년 세상을 떠난 자메이카 출신 영국 여성이야. 메리는 나이팅게일처럼 크림 전쟁 당시 병사를 돌보는 간호사로 일했어. 심지어 메리는 병사들을 위해 직접 병원을 설립하기도 했어. 2004년 BBC의 한 조사에서 사람들은 메리를 가장 훌륭한 아프리카계 영국인으로 꼽았어.

에디스 카벨 Edith Cavell

절대 잊어서는 안 될 또 한 명의 간호사가 있는데 바로 에디스 카벨(1865~1915)이야. 에디스는 영국 간호사로 제1차 세계 대전이 일어났을 때 벨기에에 살고 있었어. 영국으로 돌아가는 대신 에디스는 벨기에에서 계속 일하면서 수많은 영국인과 벨기에인과 프랑스인들의 목숨을 구했어. 1915년 에디스는 독일에 점령당한 벨기에에서 군인들의 탈주를 돕다가 고발당해 체포되고 말았어. 두 달 뒤 에디스는 총살당했지. 죽기 바로 전날 밤, 에디스는 이런 말을 남겼대. '나는 누구에게도 억울해하거나 증오하는 마음을 품지 말았어야 했습니다.' 정말 용감하고 비범한 여성이지!

뉴스 속보

내가 위의 글을 쓰고 나서 이 책의 발간을 기다리던 중에 영국 조폐국에서 새로운 기념 주화에 에디스 카벨의 얼굴을 넣기로 했다고 발표했어. 네가 이 글을 읽을 때쯤이면 에디스의 모습을 새긴 5파운드 기념 주화가 발행되었을 거야.

끝내준다!!!

간략한 허스토리 Herstory 수업

해리엇 터브먼 Harriet Tubman

또 한 명의 진정한 여성 영웅은 해리엇 터브먼(C.1820~1913)이야. 아프리카계 미국인인 해리엇은 노예로 태어났지만 29세가 되던 해에 탈출했어. 그 뒤로 해리엇이 두 발 뻗고 편안히 지냈으리라 생각하겠지, 안 그래? 바닷가에 작고 예쁜 집을 얻어서 맘 편히 여생을 보냈을 거라고 말이야. 해리엇은 그러지 않았어. 해야 할 일이 남아 있었거든. 생명의 위협을 무릅쓰고 자신이 노예로 지냈던 주로 수십 번을 되돌아가서 300명이 넘는 노예들을 이끌고 나와 자유를 얻도록 도왔어. '지하 철도'라는 조직에서 마련해 둔 안전한 장소를 거쳐서 말이지. 해리엇 터브먼은 '나는 단 한 번도 승객을 놓친 적이 없답니다.'라는 유명한 말을 남기기도 했어.

발렌티나 테레시코바 Valentina Tereshkova

닐 암스트롱이 최초로 달 위를 걸었다는 사실을 모른다 해도 네가 달에서 살 가능성은 충분해. 그런데, 최초로 우주여행을 한 여성이 누구인지 혹시 아니? 모른다고? 그 사람은 러시아의 우주 비행사야. 바로 발렌티나 테레시코바(1937년생)지. 발렌티나는 1963년 6월 16일 보스토크 6호를 타고 우주에 다녀왔어. 그럼 이제 너도 아는 거야.

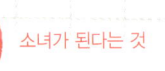

헤디 라마르 Hedy Lamarr

마지막이지만 앞에 소개한 그 누구 못지않게 중요한 사람으로 마무리 지을까 해. 헤디 라마르(1914~2000)를 소개할게. 헤디는 오스트리아 출신의 할리우드 배우였는데 '보안 통신 시스템'을 고안했어. 이 시스템은 전쟁이 벌어졌을 때 유용하게 쓰인 장치였음은 말할 것도 없고, '와이파이'라고 불리는 편리한 그 뭐냐의 핵심 기술이기도 하지. 헤디 라마르는 말도 안 되게 똑똑한 데다 역시 말도 안 될 정도로 아름답기까지 했어. 모든 걸 다 가진 여성인 셈이지.

헤디 라마르

이 여성들 모두가 허스토리의 일부야. 게다가 셀 수 없이 많은 여성이 오늘날 세계 곳곳에서 자신의 발자취를 남기고 있어. 여기 소개한 사람은 극히 적은 수지.

잊지 말아야 할 6명의 여성들

굉장한 여성들의 목록이라면 사실 이 사람으로 시작해야 제대로 되었다고 할 수 있겠지. 바로 **말랄라 유사프자이**야. 열다섯 살이었던 말랄라는 탈레반 저격수가 쏜 총에 맞았어. 학교에 가려고 했다는 이유로 말이야. 구사일생으로 목숨을 건진 말랄라는 여자아이들의 배울 권리를 위해 **그 어느 때보다 목소리를 높여** 캠페인을 벌였어. 2014년, 열일곱의 나이로 말랄라는 최연소 노벨 평화상 수상자가 되었지. 말랄라는 세상에서 가장 강하고 용감한 사람임이 틀림없어.

'여성의 자주권'을 위해 노력한 또 한 사람이 있어. 바로 독일의 총리 **앙겔라 메르켈**이야. 실제로 총리라는 직책은 메르켈에게 권위와 영향력을 실어 줬지!

또 세계적으로 유명한 팝스타 **비욘세**와 **아델**도 있어. 두 사람은 엄청나게 유명해서 이름에 성을 붙일 필요도 없을 정도야. 왕성한 활동을 펼치는 이 두 사람에게서 최고로 꼽을 만한 점은 명성도, 수십 억 장의 앨범 판매 기록도, 화려한 외모도 아니야. 바로 자신들이 하는 모든 일에 **당당하게 책임을 진다**는 점이야.

여성은 책의 세상에서도 주도권을 잡고 있지. '청소년 도서 베스트'라고 구글 검색창에 입력한 뒤 연결된 사이트로 들어가면 많고 많은 이름 중에 눈에 띄는 두 사람이 있을 거야. 바로 ≪해리포터≫ 시리즈를 쓴 **JK 롤링**과 ≪헝거게임≫을 쓴 **수잔 콜린스**지. 옛날 옛적에는 말이야, 소년들은 여성 작가가 쓴 책을 읽기 싫어한다고 생각하는 사람들이 많았어.[8] 내 생각에 이 두 작가는 사람들의 뒤통수를 쳐서 그런 관념을 내쫓아 버린 사람들이지 싶어.

---

[8] 조앤 캐슬린 롤링이 이름 대신 약자를 사용한 이유가 바로 그거야. 아니면 그냥 JK가 더 좋다고 생각했을지도 모르고. 어느 쪽이 되었든 간에, 안 될 게 뭐야? 결국 이름의 첫 자를 쓴 거잖아. 자기 이름이니까 자기 마음이지.

자, 이 모든 사실을 알고 나니 다음 이야기가 궁금해지지?

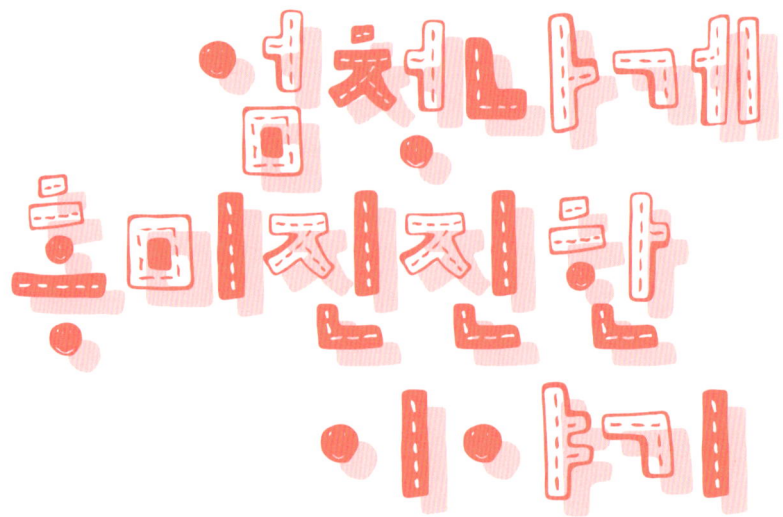

바로 그거지.

남성 중심 세계의 문제점들이 몽땅 사라지지는 않았겠지만, 미래는 그 어느 때보다 달콤해.

넌 오늘의 소녀이자 미래의 여성이야.

미래는 너의 것이야. 두 손으로 꽉 잡아.

3장
악녀와 호르몬

 소녀가 된다는 것

자, 이제 세상은 우리 손안에 있어. 그런데도 왜 우리 여자들은 아직 부담감에 시달리는 걸까?

…… 광고와 텔레비전과 영화와 남자와 부모님과 인터넷과 길에서 우연히 스치는 낯선 사람과 **뚜껑 열리게 하는 모든 것**들로부터 말이야.

그래도 여자들은 그 안에 넣지 말아야 해, 그렇지?

왜냐하면 우린 모두 이런 여자들만의 상황을 함께 겪어 나가는 중인 데다 각자의 인생을 더 나쁜 방향으로 끌고 갈 이유도 없으니까, 그렇지?

틀림없이 **자매애로 똘똘 뭉친 관계**이니만큼 성차별과 여드름과 잡지에 나오는 헐벗은 미녀들과 매달 찾아오는 생리를 잘 견뎌 나가도록 **서로를 다독이면서 상냥하게 대할 거야**, 그렇지?

자, 세상에서 제일 까다로운 불평을 들어 봐.

여자들이 항상 서로에게 상냥한 건 아니라고요.

또, 표본 집단의 한 여학생은 이렇게 썼지.

다른 여자애들은 개년들이에요.

사실, '개'라는 말에는 약간 오해의 소지가 있긴 해. 개가 뭘 잘못했다는 거야? 그냥 담벼락에 오줌을 싸고, 냄새도 좀 풍기고, 공이나 쫓아가고 그럴 뿐이잖아. 여자랑은 별로 상관없는 동물이야, 안 그래?

여자는 고양이랑 더 비슷한 것 같아. 고양이는 영리한 동물이거든. 능숙하게 주변을 조종할 줄 알지. 고양이가 예쁘장한 외모로 허우적대기나 한다고 넘겨짚지 마. 고양이를 성가시게 했다가는 위험을 각오해야 해. 세상에서 가장 예쁘고 순한 고양이도 발톱은 무척 날카로우니까. **짜증**이 날 대로 난 고양이 두 마리를 좁은 공간에 함께 두면 대학살의 광경을 목격하게 될 거야. 왜냐하면 고양이는, 그리고 여자는 불행하게도 잔인함을 감추고 있거든. 완벽히 이성적으로 보이던 존재가 쉰 소리를 질러 대는 악녀로 변하는 것도 순간이야.

고양이 우리에 들어가기

여자들이 그 어느 때보다 심술궂게 구는 시기가 바로 중학교 시절이야. 중학교는 마치 커다란 고양이 우리와도 같아. 그래서 화를 발끈 내면서 심술을 부리고 발톱을 드러내야만 살아남을 수 있겠다는 생각이 가끔 들기도 해.

진짜 그럴지도 모르지.

하지만 머리를 써서 극심한 악순환을 벗어나는 편이 더 현명한 방법이야. 네가 겪어야 할 대상이 누군지 제대로 안다면 일이 훨씬 쉬워지겠지. 다음 장의 〈표 1〉을 찬찬히 살펴봐.

<표 1> 고양이의 서열

우두머리 고양이

대부분 외모가 출중해. 여러 고양이들 중 무리를 이끄는 리더 역할을 하지. 텃세가 무척 세고 주변에 체취를 남겨 영역을 표시해. 영역 표시를 마치면 그 **공간을 점령**하는데, 그렇게 차지한 화장실을 이리저리 배회하는 모습이 종종 목격되지.

불량한 고양이

다른 말로 **패거리**라고 부르기도 해. 개개인일 때는 특별히 눈에 띄는 사항이 없지만, 함께 있을 때면 무시무시한 힘을 과시하지. 불량한 고양이들은 모두 고만고만하게 자신의 우두머리 고양이를 두려워하면서 숭배해. 이들은 우두머리 고양이의 주변에 모여서 좀 더 높은 위치를 차지하려고 끊임없이 경쟁을 벌이며 다퉈. 우두머리 고양이는 가장 마음에 드는 녀석을 선택하지. 그러고는 진절머리가 나면 짐짝처럼 내동댕이쳐 버려.

흉내쟁이 고양이

이 고양이들은 죄다 비슷비슷해 보여. 그도 그럴 것이 매일 밤 TV 앞에 웅크리고 앉아 유명한 고양이들의 화려한 모습을 꼼꼼히 살피고 고대로 흉내 내기 때문이지. **쌍둥이 고양이**라고 불리기도 해.

악녀와 호르몬

기타 등등 고양이

대다수 고양이가 이 범주에 속해. 그렇다고 이 부류가 재미없다는 뜻은 아니야. 기타 등등 고양이에 속하는 모두는 각각 다 다르니까. 깡마른 녀석도 있고, 통통한 녀석도 있고, 빠른 녀석도 느린 녀석도 있고, 상냥한 녀석도 그렇지 않은 녀석도 있지. 이 부류의 공통점은 자신감이 부족하다는 거야.

떠돌이 길고양이

누구도 이름을 기억하지 못하는 존재야. 고양이들 사이를 떠돌며 그 누구와도 진정한 관계를 맺지 못하지. 그런데 잘 생각해 봐. 이 무리에서 불량한 고양이가 눈에 많이 띈다 한들 누가 비난할 수 있겠니?

고양이 먹잇감

잔뜩 겁먹은 채 웅크리고 눈에 띄지 않으려고 애쓰는 작은 존재야. 쥐라고도 부르지.

암사자

이 표에는 없지만 또 다른 부류의 고양이가 있어. 표에 없는 이유는 거기 속하지 않았기 때문이야. 자신만의 세계를 가진 존재지. 바로 암사자야. 지각이 있는 고양이라면 암사자를 존경하지. 사실, 지각이 있는 소년 역시 암사자를 존경할 거야. 아무 데나 고추를 그려 대던 아이들도 마찬가지고.

도대체 암사자에게 무슨 특별한 것이 있기에?

맞아, 무척 단순하지. 하지만 다른 고양이들에겐 없는 유일한 것이기도 해.

자신감 넘치는 모습은 세상에서 가장 고급스러운 향수를 뿌린 것과 같아.

여기서, 주의해야 할 부분이 있어. 난 **뻔뻔한** 태도를 말하는 게 아니야. 오만한 태도 역시 아니야. 이런 태도는 싸구려 방향제를 몸에 뿌리는 것과 다를 바 없어.

내가 말하는 건 **고요한 상태에서 우러나오는 내면의 힘**이야. 고개를 들어 우러르게 만들고 입만 벌리면 새어 나오던 구슬픈 울음소리도 뚝 그치게 하는 유형 말이야. 암사자는 자신이 중요한 존재라고 부각시키기 위해 불량해 보이는 아이들을 줄줄이 매달고 쿵쿵거리며 돌아다닐 필요가 없어. 게다가 아름다워 보이기 위해 가짜 털로 장식할 이유도 없지. 암사자는 그 자체로 존재감이 있으니까. 그야말로 **제대로 된 아름다움**이지. 그 아름다움은 **내면**에서 우러나와서 진실한 미소로 세상을 향해 모습을 드러내.

아, 그래, 사자들이 정말 미소를 짓지는 않아. 하지만 생각해 봐, 만약에 사자들이 미소를 짓는다면 완전 끝내주게 멋질 거라고. 어쨌든 너도 내가 무슨 말을 하는지 알아들었으리라고 생각할게.

자신감 + 상냥함은 다른 사람들에게 존중받는 비결이야.

저 말이 너무 가식적으로 들린다면, 이런 식으로 한번 생각해 봐.

사람들의 눈을 들여다봐, 그리고 친절하게 대해.

 소녀가 된다는 것

그것만으로도 넌 존중받을 거야.

진심이야, 효과 있어.

그래, 나도 알아. 넌 열세 살이고 아직 러닝셔츠를 입고 다닌다는 사실을 말이야. 자신감을 갖는 건 말처럼 쉽지만은 않아. 그러니까 마음을 차분히 가라앉히고 다음 다섯 가지 내용을 잘 생각해 봐.

1. 우두머리 고양이들이라고 다 자신감 넘치는 건 아니야. 그 애들이 혼자 있는 걸 좀처럼 보기 힘든 이유이기도 하지.

2. 누구나 아차 싶은 순간을 겪기 마련이야. 학교나 어디에서든 말이야. 암사자도 마찬가지고.

3. 넌 눈부신 존재야, 그렇지? **맞아**. 그게 바로 너야. 전 세계를 통틀어 너 같은 아이는 없어. 그게 **진실**이야. 너 자체가 한정판이라는 거지. 네가 일란성 쌍둥이라 해도.

4. 넌 러닝셔츠를 입고 다닐 필요가 없어. 브래지어의 모양이나 크기가 얼마나 다양한데, 납작하고 작은 가슴을 위한 것도 있어.

5. 여드름은 영원하지 않아. 학교도 마찬가지고.

중학교는 어쩌다 그렇게 심술궂은 아이들이 넘치는 장소가 된 걸까?

내가 그 질문의 답을 알면 요다 스승이게.
하지만, 생각해 보면 그 원인은 바로 이것과 관련 있지 싶어.

초등학교 시절엔 모두가 바비 인형과 캐릭터 인형을 가지고 함께 어울려 노는 행복한 어린아이들이었잖아. 복잡할 것 하나 없는 인생이었지. 하지만 나이를 조금 더 먹으면 **기묘한 일들이 일어나기 시작해.** 어떤 여자아이들에겐 고작 일곱 살이나 여덟 살밖에 되지 않았을 때 이런 기묘한 일들이 일어나기도 해. 하지만 대부분 중학교 때 시작되지.

청소년기와 사춘기

맞아. 사춘기가 활동을 시작하는 거야.

그런데 뭐?

이렇게 생각해 봐.

네 뇌가 새로운 외모에 꽂혀 버린 거야. 12년간 똑같은 몸속에서 지냈더니 별로 멋지지 않다는 생각이 든 거지. 하지만 **뇌**가 홀리스터나 H&M 같은 패션 매장으로 걸어 들어가서 진열장에 걸린 이번 시즌 신상 '몸'을 죽 훑을 수는 없는 거잖아.

 소녀가 된다는 것

그래서 좀 더 극단적인 일을 저지르기로 마음먹지. 뇌는 네 혈액 속으로 **기묘한 화학 물질**을 내보내기 시작해. 이런 기묘한 화학 물질을 **호르몬**이라고 불러. 그리고 그 호르몬이 널 어른으로 변화시키는 거야.

분명히 이 일은 엄청 **중요한 일급 프로젝트**야. 이런 식의 파격적인 변신이 하룻밤 사이에 일어나는 건 불가능해. 보통은 수년이 걸리지. 아마 네가 열다섯이나 열여섯 살이 될 때까지 진행될지도 몰라. 어쩌면 더 오래 걸릴 수도 있고. 이렇게 몸이 변하는 시기, 그러니까 사춘기 동안 너는 일시적으로 불편한 기분을 자주 느낄 거야. 또 전에 없이 신경이 곤두서기도 하고 아주 조금씩

무엇보다 사람들이 쉴 새 없이 그것에 대한 얘기를 해 대는 것처럼 지독한 일도 없을 거라고!

신체와 감정에 걸친 이 모든 경험을 이렇게 부르도록 하자. **청소년기**. 왜냐하면, 툭 터놓고 말해서

라는 말보다 청소년기라는 말이 훨씬 더 듣기 좋잖아.
네가 겪는 일은 다 정상이야. 모두가 겪는 일이기도 하고. 물론, 너도 이미 알고 있겠지. 하지만 그 호르몬이 널 겁줄 때면 금세 몽땅 잊어버리고 말 거야. 고등학교에 가서도 까칠하게 구는 아이들은 아마 그런 이유 때문일 거야.

변화

만약 학교에서 아직 이 내용을 듣지 못했다면, 조만간 듣게 될 거야. 그래도 어떤 변화를 겪게 될지 하나하나 짚어 볼게.

털 점점 자랄 거야. 그건 네 머리에 난 털뿐만이 아니야. 겨드랑이와 다리와 비키니 수영복 아랫도리를 걸치는 부분에서도 자라기 시작해. 그 외의 부분도 털로 뒤덮여서 자신이 털북숭이 같다고 느낄지도 몰라. 걱정하지는 마. 이건 전부 다 완전 정상이니까. 털이 난다는 건 중요한 문제야. 조만간 심도 있게 다룰 예정이야.

얼굴 역시 조금 변할 거야. 길어지고 뺨과 턱도 더 분명한 모양을 갖추게 돼. 하지만 아주 미묘한 변화라 알아채지 못할 수도 있어. 사실, 이런 변화가 네 피부에 일으킬 대혼란만이 크게 두드러져 보이겠지.

한동안 얼굴에 반들반들 윤이 나면서 약간 기름기가 돈다 싶을 거야. 밤사이 난데없이 흉측한 여드름이 돋아나기도 해. 눈이 한 곳으로 모일 정도로 거울에 얼굴을 바짝 대고 자세히 들여다보면 코랑 뺨이랑 이마를 잔뜩 덮은 작고 검은 점들이 보일지도 몰라. 그 검은 점이 **블랙헤드**야. **여드름과 블랙헤드가 생기는 건 먼지와는 전혀 상관없어.** 그냥 청소년기에 겪는 불편과 스트레스가 조금 더 깊어지기 때문일 뿐이지. 격렬한 호르몬 작용이 만들어 내는 그 기묘한 상황 때문에 네 피부가 발칵 뒤집혀서 지나치게 많은 기름을 생산해 낸 결과랄까. 이런 혼란을 수습하려 애쓰는 건 마치 '두더지 잡기 게임'과 비슷해. 그 게임 알지? 작은 두더지가 구멍으로 머리를 내밀면 망치로 때려서 다시 들어가게 하는 게임 말이야. 그러니까 여드름도 그것과 비슷한 면이 있어. '여드름 짜기 게임'이라고 생각해 봐. 여드름 하나를 짜면 그 자리에서 세 개가 올라오는 거지.

절대 짜지 마. 그러다 상처가 나서 흉터가 남으면 여드름보다 더 심각한 상황이 되는 수가 있어.

얼굴에 파운데이션을 발라 여드름을 가리라는 조언에 솔깃하겠지만 그 방법 역시 도움이 되지 않는 건 마찬가지야. **막혀 있는 모공 위에 뭔가를 덧바르는 건 더 꽉 막아 버리는 결과만 낳을 뿐이니까.** 〈그림 1〉을 한번 봐.

〈그림 1〉 악순환

하루에 두 번 순한 비누로 얼굴을 깨끗이 씻어 내고 유분이 많은 화장품은 사용하지 않는 편이 훨씬 좋아. 비명을 지르고 싶을 정도로 여드름이 심해지면 피부과 전문의를 찾아가 봐. 적절한 치료와 관리를 받으면 도움이 될 거야.

기억해 두어야 할 점이 또 있어. 네 또래 친구들도 대부분 '여드름 짜기 게임'을 할 거야. 이론상으로야 그 사실을 안다고 기분이 더 나아지지는 않겠지만, 실제로는 아마 나아질걸.

가슴 아직 나오지 않았다 해도 곧 그렇게 될 거야. 이거야말로 여성이 겪는 사춘기의 경험을 통틀어 무척 기이하면서도 가장 멋진 부분이기도 해. 게다가 얼굴의 형태가 변하는 것과는 달리 가슴의 변화는 전혀 미묘하지 않아. 먼저 유륜, 그건 젖꼭지 둘레의 둥그렇고 짙은 색 부분을 말해. 그곳이 약간 부풀어 오를 거야. 이 단계에 이르면, 넌 옷 속에 입은 러닝셔츠를 벗어 던지고 **주니어 브라**를 해야겠다는 생각이 들 거야. 자랑스럽든 그렇지 않든 간에 어쨌든 그러고 싶어질 거야. 어느 경우가 되었든 다음 문장을 달달 외워서 엄마에게 상냥한 투로 말해야 해.

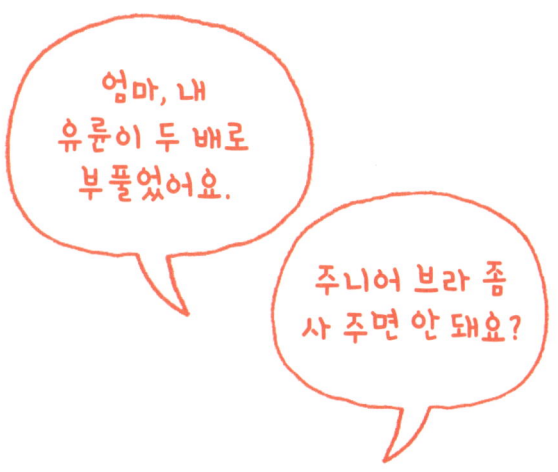

장담하는데, 이번 주가 다 가기 전에 넌 러닝셔츠를 벗게 될 거야. 99.9% 확실해.

다음으로 **젖멍울**이 생겨. 양쪽 젖꼭지 안쪽이 눈에 띄게 부풀어 오르는 걸 말해. 이런 현상은 마치 대자연의 어머니가 자전거 공기 주입기로 네 가슴을 부풀리고 있는 것처럼 보이기도 해. (그런데 말이야, **절대로** 젖멍울이 잡힌다고 큰 소리로 말하지는 마. 반경 10킬로미터 이내의 사람들이 순식간에 모두 쓰러질 정도로 당황스러운 말이거든.) 젖멍울은 점점 자라서 어른처럼 커져.

새로운 가슴이 생기는 거야.

완전 놀라운 일 아니니?

아, 네가 알아 둬야 할 부분이 한 가지 더 있어. 양쪽 가슴은 각각 맡은 역할을 해 나갈 거야. 똑같은 속도로 자랄 필요가 없다는 거지. 그러니까 한동안은 가슴 크기가 다를 수도 있어. 게다가 정확히 같은 크기가 되리라는 보장도 없어. 이건 무척 자연스러운 일이야. 커다란 가슴이 완벽한 대칭을 이루는 일은 매우 드물다고.

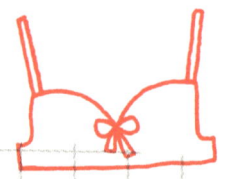

브래지어 치수: 암호를 푸는 법

브래지어의 치수는 쓸데없이 복잡해. 하지만, 기본적으로 이런 의미야.
큰 숫자 = 큰 신체 치수
만약에 브래지어 끈 때문에 네 몸에 자국이 생긴다면 한 치수 큰 걸 골라야 해. 알파벳은 컵 사이즈를 뜻해. 왜 그렇게 암호처럼 만들어 놨는지는 신만이 아시겠지. 납작한 가슴에서 풍만한 가슴까지, 순서는 이런 식이야.

AAA, AA, A, B, C, D, DD, E, F, FF, G, GG, J, JJ.

브래지어의 컵이 가슴을 짓눌러서 마치 가슴이 둘이 아니라 넷인 것처럼 보인다면 큰 치수로 바꿔야 한다는 뜻이야.
만약에 AAA 사이즈라서 창피해 죽을 지경이라면 이 점을 꼭 기억해 둬. JJ 사이즈를 입는 여자는 네 날렵하고 가벼운 가슴을 진심으로 부러워하면서 흘끔흘끔 쳐다볼 거야.
내가 장담할게.

키 점점 자랄 거야.[9] 키는 10세에서 16세 사이에 찾아오는 급성장기에는 보통 한 해에 약 7센티미터 정도 자라. 별로 안 자라는 것같이 들리겠지만 내 말을 믿어. 진짜 그래. 몸은 음식을 필요로 할 거야. 질 좋은 영양분을 섭취하려고 노력해야 해.

---

9 키가 얼마나 자랄지는 사람에 따라 달라. 그건 확실해. 우리는 겨드랑이 높이까지 길어진 다리로 거들먹거리며 걸어 다녔으면 하지만 대자연의 어머니는 다른 계획을 세워 두었을지도 몰라. 내가 직접 경험해 봐서 알아. 내 키는 155센티미터를 넘지 못했거든. 정확히 말하면 154센티미터지. 그런데, 너도 알지 모르겠다. 작은 선물 속에 큰 행운이 들어 있다는 말 들어 봤어? 맞아. 그래. 그건 진짜야.

과일과 채소 같은 음식을 먹어야 한다는 뜻이야. 바삭바삭한 과자나 곰돌이 젤리 같은 걸 입에 쑤셔 넣지 말고. 바삭하고 달콤한 음식은 가끔 먹으면 맛있지만 건강한 성인으로 자라는 데 꼭 필요한 영양소는 들어 있지 않아. 이를테면 비타민, 미네랄, 단백질, 섬유소 같은 것들 말이야.

생리 시작할 거야. 넌 그러지 않기를 바랄지도 모르겠다. 존중하는 마음을 담아 이 책의 4장을 이 손님에게 통째로 내어 주도록 하자.

어쨌든, 넌 이 모든 것을 기다려 왔을 거야. 하지만 미처 알아채지 못하는 변화도 몇 가지 있어. 그래도 알아 둘 필요는 있지.

**마음 단단히 먹어 둬,
심각하고 당혹스러운 공격에 대비해야 하니까.**

질 음부, 보지, 잠지, 성기, 뭐가 됐든. 그곳 역시 약간의 변화를 겪게 돼. 가끔은 속옷에 묻은 희고 투명한 질 분비물을 보게 될 거야. 그건 전혀 문제 될 것 없어. **넌 죽을병에 걸린 게 아니라고.** 그냥 몸이 자라면서 청결을 유지하는 자연스러운 방식일 뿐이야. 이제 겁에 질릴 일은 없어.

그리고 하나 더

땀샘 네 눈에는 보이지 않지만 잔뜩 있어. 네 겨드랑이와 가슴과 음부 쪽의 땀투성이 부분 말이야.

미안하지만 사실이야.

꼼꼼히 씻어 내고 깨끗하게 유지하고 겨드랑이에 매일 데오도란트를 발라. 내가 너한테 이런 이야기를 해 주는 건 친구이기 때문이야.

자 이제 알겠지. 소녀에서 여성으로 변화하는 일은 이렇게나 복잡해. 때로는 이 모든 과정이 엄청나게 괴롭게 느껴져서 이불 속에 웅크리고 겨울잠이나 자고 싶다는 생각이 들지도 몰라. 하지만 이불 속은 고사하고 넌 학교에 가야 하지. 거기서 넌 일주일에 두어 번 강제로 끔찍한 고통을 겪어야 하는데 바로……

체육복으로 갈아입는 시간

내가 무슨 말을 하는지 너도 알 거야.

여학생들이 시끌벅적하게 모여서 음흉한 눈초리로 흘끔대며 확인하지. 누가 가슴이 나오고 누가 안 나왔는지. 누가 다리털을 면도하고 누가 하지 않는지. 누구는 80D 컵 브래지어를 입는다고 큰 소리로 떠들지만 누구는 아직도 러닝셔츠를 입지. 언젠간 이 기억을 떠올리며 웃을 날이 오겠지만 지금 당장은 정말이지 살벌한 농담으로만 들릴 거야.

다른 누군가의 풍만한 가슴이나 가젤처럼 긴 다리에 신경 쓸 거 없어. 여자들은 다 달라. 열두 살에 사실상 성장이 끝난 아이도 있고 그때부터 조금씩 자라는 아이도 있어. **발달 속도는 모두 다르니까.** 네 모습을 바꾸어 주는 마법의 호르몬이 아직 힘을 발휘하지 않았다고 해서 앞으로도 영영 그러지 않으리라는 건 아니야. 곧 효과가 나타날 거야. 이걸 읽고 난 뒤에도 확신이 없고 뭔가 잘못된 것은 아닐까 심각하게 걱정이 된다면, 고민하지 말고 어른에게 털어놔 봐. 엄마나 언니나 마음 넓은 이모도 좋아. 아니면 의사 선생님도 괜찮고. 네가 이런 일로 스트레스를 받길 바라는 사람은 **아무도 없으니까.**

마음에 새겨 두어야 할 또 한 가지는 체육복으로 갈아입는 **모든 아이**가 너와 마찬가지로 남의 시선을 의식한다는 사실이야. 함께 옷을 갈아입는 걸 좋아하는 사람은 아무도 없어. 꽤 괜찮은 옷 가게나 수영장에서 칸막이를 설치해 두고 혼자 옷을 갈아입도록 배려하는 이유가 바로 그래서야. 그리고 만약에 누군가 이런 말을 한다면.

그 아이들은
a) 거짓말을 하고 있다.
아니면
b) 미쳤다.
아니면
c) 둘 다.

악녀와 호르몬

아직도 부담감이 느껴지니?

그렇다면 넌 네 편이 아닌 거야. 넌 너희 반 여자아이들을 전부 잘 아니? 우두머리 고양이랑 그 패거리들이랑 떠돌이 길고양이들이랑 기타 등등 고양이들이랑 먹잇감 모두? 그 애들도 마찬가지로 때론 부담감을 느끼고 엄청 짜증이 나기도 해.

모든 사항을 따져 보면 이 말이 놀라울 것도 없지.

…… 가끔은 말이야.

소년들이 생리를 하고 젖가슴에 멍울이 잡히고 질 분비물을 처리해야 했다면, 그 아이들도 분명 개년이 되었을 거야. 못되고 심술궂은 말을 견뎌 내는 것도 성장의 일부야. 욕설은 그 말을 듣는 사람보다 그 말을 하는 사람에 대해 더 많은 걸 말해 주지. 누군가 욕을 할 때는 말이야, 그 순간만큼은 화가 나고, 짜증스럽고, 불안정한 데다 남을 배려하지도 못해. 그런 사람에게서는 멀리 떨어져야 해. 그렇게 혼자 놔두는 편이 좋아. 우리도 가끔은 그런 후회스러운 순간이 있으니까.

하지만

…… 글자가 엄청 커다랗지만……

 소녀가 된다는 것

호르몬이 네 몸속을 엄청 빠르게 휘젓고 다닌다는 점을 핑계 삼아도 **절대 용납되지 못할 행동**이 있어. 바로

게다가 그런 행동 탓에 우린 전혀 재미없는 문제에 직면하게 돼.

~~~~~~

괴롭힘

반복해서 누군가를 부당하게 놀리고 기분 나쁘게 하는 행동이 바로 괴롭힘이야. 그런 건 농담이 아니야. 웃을 일도 아니야. 그리고 전혀 괜찮지 않아.

사실, 그건 빌어먹을 짓이지.

인터넷상에서나 현실 세계에서나 마찬가지야.

그러니까 만일 군중 속에서 함께 불량 청소년 같은 짓을 하는 너 자신을 발견한다면, 인간으로서의 위엄과 품위를 자각하고 **당장** 그만두면 고맙겠어.

그리고 너나 네가 아는 누군가가 그런 일을 겪고 있다면 **절대 그냥 둬선 안 돼**. 그런 일이 더 이상 벌어지지 않도록 도움이 될 만한 강력한 조치를 취해야 해. 사자가 커다란 앞발로 발자국을 찍는 것처럼.

괴롭힘에 맞서는 법

네가 먹잇감이 **아니라는 점**을 분명히 해. 약한 아이를 괴롭히는 녀석들은 피도 눈물도 없는 것처럼 보이지만, 사실은 비겁한 겁쟁이들이야. 그때그때 너의 내면에 도사린 강인함을 조금씩 내보이면 그 녀석들은 바위 아래로 기어들어 가 숨어 버릴 거야.

이 방법이 먹히지 않는다면, 너에게 한 비열한 말이나 행동을 낱낱이 적어 목록을 만들고 날짜를 기록해 둬. 그걸 증거로 삼아. 그런 빌어먹을 상황을 무심하게 흘려보내서는 절대 안 돼.

그렇게 모은 증거를 네가 신뢰하는 선생님에게 보여드려. 그 선생님이 괴롭힘을 일삼는 녀석(아니면 녀석들)을 아는지 모르는지는 중요하지 않아. 너를 **보호할 의무**가 있는 누군가에게 사실을 말하면 그 문제에서 너는 절대 혼자가 아니야.

이건 고자질이 아니야. 몰래 일러바치는 것도 아니야. 누군가를 고발하는 것도 아니야. 용납할 수 없는 상황을 멈추는 행동일 뿐이야. 그 녀석들이 이런 짓을 계속하도록 놔둬서는 안 돼.

결국, 네가 해야 할 일은 이거야.

네 안에 도사린 암사자가 세상을 향해

포효하도록 해!

주의사항 : 이쪽 면은 어두워.

불행하게도 시간이 흐르면서 괴롭힘은 돌연변이를 만들어 냈어. 인터넷을 이용하기 시작한 거야. 이제 학교는 한물가 버렸고, 소녀들은 **인터넷 공간**에서 서로의 인생을 망가트리고 있어. 게다가 **약자에게 가하는 폭력이 그렇듯 이 또한 은밀하고 비열하지**. 그 때문에 만에 하나 네가 사이버 폭력의 피해자가 된다면, 언제 어디서 닥칠지 모르는 견디기 힘든 시련이 끝도 없이 따라다닌다는 느낌이 들 거야.

괴물들은 괴물이라고 불리는 이유가 있어. 그것들은 배배 꼬이고 가시 돋친 고슴도치처럼 어둡고 음침한 곳으로 숨어들지. 거기에다가 믿을 만한 구석도 **전혀 없어**.

> 소셜 네트워크 계정에서 '친구 추가'를 할 상대에 주의해야 해. 그리고 '좋아요'를 누를 때도 마찬가지로 신중해야 하고.

만약 이상한 댓글이나 메시지를 보면, 다음의 간단한 '괴물 테스트'에 대입해서 생각해 봐.

만일 내가 그런 말을 듣는다면 과연 아무렇지도 않을까?

'**아니**'라는 답이 나온다면 그런 말을 한 사람을 우선 피해야 해. 그 댓글이나 메시지를 **신고**할 수 있다면 그렇게 해. 그런 사람은 '**친구 끊기**'를 해야 해. **무슨 일**이 있어도 그런 대화나 협박에 **끼어들어서는 안 돼**.

불쾌한 글이 너를 지칭하고 있다면 대꾸하지 마. **침묵**은 그 괴물을 끊어 내는 방법이야. 그런 다음 선생님이나 믿을 만한 어른에게 이야기해.

이 한심한 괴물은 **사이버 폭력이 허용되지 않는 짓이라는 사실**을 깨달을 필요가 있어. 몇 가지 간단한 절차를 밟으면, 그 인간들이 **좀 더 나은 사람이 되는 법을 깨닫도록 돕는 일**도 가능해.

명심해야 할 점은 엄청난 스트레스를 떠안기는 존재가 괴롭힘의 가해자만은 아니라는 거야. 때로는 친구 사이에도 그런 일이 벌어지기도 해. 그런 상황을 이렇게 부르기도 하지.

또래 압력

좀 이상하긴 하지만 괴롭힘의 가해자들만 항상 재수 없는 협박을 일삼는 건 아니야. 특히 십 대 시절에는 말이야. 때로는 네가 '친구'라고 생각했던 아이들에게서도 그런 가슴 철렁한 느낌을 받을 수 있어.

이런 말 들어 본 적 없니?

> 아, 진짜! 촌스럽게 굴지 좀 마.

> 놀리려는 건 아닌데, 너 가끔 진지병 환자처럼 굴 때가 있더라.[10]

> 게이처럼 굴지 말고!

어쩌면 바로 **네가** 단짝의 얼굴 앞에 담배꽁초를 흔들어 대면서 이렇게 말했을지도 모르지.

> 넌 어떻게 피워 보지도 않고 이걸 싫어한다고 하냐?

---

10 놀리려는 건 아닌데. 만약에 네가 말머리에 이런 문장을 붙인다면 당장 그만둬. 뭔가 께름칙한 말을 꺼낼 때 쓸 만한 다른 좋은 말도 있잖아. 또 말을 꺼낼 때 어떤 문장을 사용하는지 스스로 돌아보고 조심하도록 해. 예를 들면 이런 거야. 괴롭히려는 건 아닌데……. 인종 차별을 하려는 건 아닌데……. 동성애를 혐오하는 건 아닌데…….

 소녀가 된다는 것

이런 말은 아무런 해도 끼치지 않는 것처럼 보일 수 있어. 하지만 거듭 겪다 보면 폭력으로 느껴지기 시작할 거야. 친구로 지내면서 별 뜻 없이 한 행동이었을지 몰라도 말이야.

핵심은 이거야. **그 누구도 네가 불편하게 느끼는 일을 강제로 시킬 수는 없어.**

두말할 필요 없이 처지를 바꾼 상황에서도 마찬가지야. 너도 내키지 않아 하는 친구에게 문신을 하도록 강요해서는 안 돼.

담배, 술, 마약

그래. 방금 내가 한 말이 교과서에나 나올 법한 소리처럼 들렸을 거야.

누구나 썩 유쾌하지 않은 일을 **해야 할 때**가 있어. 시험을 치거나 토요일에 아르바이트를 하거나 치과에 가는 그런 일들 말이야. 이런 일은 꽤 골치 아프지만 우리에게 도움이 돼. 하지만 담배를 피우고 술을 마시고 처방받지 않은 약물을 복용하는 건 **전혀** 좋을 게 없어. 게다가 네가 만 19세 미만이라면 너에게 담배를 파는 일은 법으로 금지되었어. 한국의 청소년 보호법은 만 19세 미만의 청소년에게 주류를 판매하는 것도 금지하고 있지.[11] 그뿐만 아니라 불법 마약을 하거나 마약을 가지고 있기만 해도 **나이와 상관없이 형사상 범법 행위**를 저지르는 거야. 반면, 현명한 암사자들은 담배를 피우고 술이나 마약에 취해 몽롱한 상태가 되어 해롱거리는 일이 딱히 좋아 보이지 않는다는 사실을 이미 알아챘을 거야.

담뱃갑에서나 날 법한 냄새를 풍기는데 매력적으로 보일 턱이 없지.

---
[11] 네가 술이나 담배를 당당하게 사려면 스무 살이 넘어야 한다는 거야.

누군가 꽁초가 넘치는 재떨이 같은 맛이 나는 입술에 키스하고 싶다고 말한다면, 맞아, 이렇게 생각해야 해. 그 말은 ······

a) 거짓말이다.
b) 미친 소리다.
아니면
c) 둘 다.

담배를 피우지 말아야 할 이유는 많고 많아. 우선 담배를 피우면 치아가 망가지고, 손가락 끝이 누르스름하게 변하고, 머리카락이 가늘어지고, 얼굴 특히 입가에 자글자글하게 주름이 잡힐 가능성이 커. 거기에 한 가지를 덧붙이자면 암에 걸려 사망할 확률도 높아지지.

토할 때까지 술을 벌컥벌컥 마셔 대는 것 또한 매력적이거나 멋져 보이지 않기는 마찬가지야. 위험에 처한 모습은 **전혀** 멋지지 않아. 치마가 속바지에 낀 채로 술병을 손에 들고 휘청거리면서 돌아다니는 여자가 있다면 그 사람은 분명히 친구들의 도움이 필요한 상황일 거야. 부모님이 있는 집까지 태워다 줄 택시가 필요한 사람일 수도 있고.

자, 다른 문제도 있어. 지루한 이야기를 늘어놓긴 싫지만 마약도 나쁘긴 마찬가지야. 암페타민 같은 각성제나 흥분제에 취한 사람들은 **스스로 끝내주게 재미있는 사람**이라고 생각해. 그래서 자신이 얼마나 **끝내주게 재미**있는지 들려주고 싶어서 끝도 없이 긴 시간을 떠들어 대지. 누구 하나 귀 기울이는 사람이 없는데도 말이야.

작고 꾀죄죄한 꽁초에 '풀'이나 '떨'이나 '빵'이나 '낄낄이'[12]를 꽉 말아 피우고 몽롱한 상태를 경험하는 일은 전혀 멋지지 않아. 사실 경쟁적으로 환각을 경험하는 짓 따위는 자신이 세상에서 가장 재미없는 사람이라는 사실을 인증하는 셈이야. 왜냐하면 그랬다가는 하던 일도 제대로

나에게 마약에 관해 더 이상은 묻지 말아 줘. 대신 '**한국마약퇴치운동본부**'라는 사이트가 있어. 그곳 사람들은 마약에 관해서라면 모르는 게 없어. 이 책 마지막 장에 그곳 웹 주소를 실어 놨어. 다른 유용한 웹 사이트 주소도 함께 말이야.

자, 그런 솔깃한 제안에 끌리지 않는다는 건 네가 촌스럽지 않다는 말이기도 해. 정확히는 네 정신이 올바르다는 뜻이기도 하지.

거절하기

또래로부터 받는 압력에 제대로 대처하는 일 역시 자신감에 달렸어. 네가 되고 싶은 사람이 되기 위해서는 용기를 가져야 한다는 뜻이야. 네 친구는 담배를 피워 대면서

---
[12] 뭐라고 부르든지 간에 진짜 이름은 대마초와 마리화나야.

자기가 '멋짐 별'에서 최고로 멋진 사람보다도 더 멋지다고 생각하겠지만, 사실 그 애들은 멋지다는 게 뭔지도 몰라. 네가 어깨를 으쓱하면서 이렇게 말하는 걸 듣고 나서야 진짜 '멋'이 어떤 것인지 깨닫겠지.

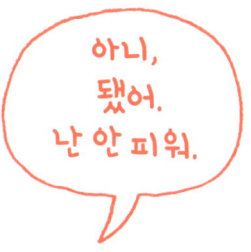

만약 그 아이들이 담배를 끊지 못하는 심각한 상황이고 그것 때문에 너까지 힘들다면 그때는, 정말 실망스러운 결론일지도 모르지만, 할 수 있는 일이 딱 한 가지밖에 없어.

뒤돌아보지 말고 절교해 버려야 해.

~~~~~~~~~~~~~~~~~~~~~~~~~~~~~~~~

너 자신이 문제였다는 생각이 들면 어떻게 해야 할까

이걸 읽는데 네 뺨이 빨갛게 달아오른다 해도 세상이 끝나는 건 아니야. 우리 대부분은 주변 사람들에게 좀 더 잘 대해 줄 수 있어. 문제는 가끔 그걸 잊어버릴 때야. 중요한 건 네가 도리를 벗어난 행동을 할 때 그 사실을 알아차리고 다시 제대로 행동하면 돼. 그리 어려운 일도 아니야. 뭐가 됐든 옳지 않은 행동을 했다면 그 일이나 말을 멈추는 거야. 네가 누군가의 감정을 상하게 했다는 생각이 들면 상황을 나아지게 만드는 건 딱 한 단어야.

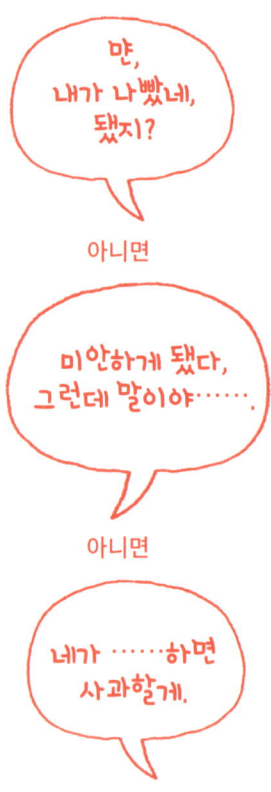

그거면 돼.
하지만, 이런 건 안 돼.

아니면

아니면

마지막 세 가지는 **진심 어린 사과가 아니야.** 사과하지 않느니만 못한 경우지. 진심이 담기지 않은 사과는 누구의 마음도 움직이지 못해. 그냥 **미안하다**고만 해. 뜻밖에도 불쑥 꺼내기조차 만만치 않은 말이라는 생각이 들 거야. 하지만 진정한 효과를 발휘하는 건 그 한 마디뿐이야.

널 돌봐주는 어른에 대한 짧은 조언

네가 청소년기를 지나는 중이라는 사실은 그분들에게도 부담감으로 작용해. 부모님, 조부모님, 보호자, 누가 되었든지 너에게 도움을 주고 싶어 할 거야. 하지만 그분들이 할 수 있는 일은 제한적이지. 무엇보다 그분들은 자신이 돌보는 귀엽고 사랑스러운 소녀가 무슨 생각을 하는지 다 안다고 여겨. 하지만 그분들이 현실에서 가끔 마주하는 존재는 귀엽고 사랑스러운 소녀가 아닌 이빨을 드러내고 으르렁대면서 확 덤벼들 태세를 갖춘 마녀지.

내가 누구를 말하는지 알겠니? 그 마녀는 반 정도 씹다 뱉은 감자튀김 같은 표정을 하고 중국 땅덩어리만큼이나 큰 반항심을 품고 있지.

그분들의 처지를 생각하고 화를 돋우지 않도록 애써 봐. 나이 들고 지친 분들이잖아. 게다가 넌 그분들의 집에 살면서 그분들의 텔레비전을 독차지하고 그분들의 음식을 먹어 치우잖아. 그러니까 조금이라도 이해하고 인내하려고 노력할 필요가 있어. 그분들은 그런 대우를 받아 마땅해. 게다가 누가 알겠어, 언젠가는 너도 이를 드러내고 으르렁대는 마녀와 대면해야 할지도 모른다고.

휴우. 자, 이제 기운 좀 내야지.
1장을 떠올려 봐. 나에게 뭐가 있는지 살짝 얘기한 적이 있어. 그건……

 소녀가 된다는 것

남자아이들이 무슨 생각을 하는지에 대한 너희들은 모르는 정보.

이제 그 정보를 알려 줄게. 표본 집단의 남학생들에게 어떤 여자가 좋은지 물어봤어. 그 애들은 이런 대답을 들려줬지.

- 사랑스러운 성격
- 행복한 성격
- 항상 미소 띤 얼굴

착해 보이는 미소, 많이 웃는 아이

생기 발랄하고 재미있는 아이가 최고죠.
그런 아이나 함께 있으면
슬픔이 그치지 않고
사는 게 즐거운 것 같아요!

성격이 착한 아이-
친절하고 재미있고 등등.

자신감 있는 아이

네가 남자아이들에게 관심이 있건 없건, 저 대답들은 죄다 인상이 좋아야 한다는 말로 들릴 거야. 누군가 '아, 난 자신감 있고 행복하고 많이 웃고 친절하고 재미있는 데다 성격도 엄청 좋은 아이라고 소문나는 것이 싫어.'라는 말이라도 했던 걸까? **아니.** 누구도 그런 적은 없어.

악녀와 호르몬

계속 이야기를 이어 가기 전에 ……

블랙헤드와 불평이 이번 장의 전부가 아니라는 점을 기억하면 좋겠어.

소녀들이 서로 상냥하게 대한다면 더할 나위 없이 감동적일 거야. 십 대 소녀들은 친구에 관련된 일이라면 그 누구보다 처신을 잘하니까.

네가 친구로 지내는 그 아이들은 네 기억에 영원히 남을 거야. 어쩌면 영원히 알고 지낼 수도 있어. 언젠가 너와 친구는 고스톱을 치러 천천히 노인 복지관에 들어가서 게임도 하고 손녀 이야기도 하며 시간을 보낼지도 모르지.

영원한 우정이란 결국 그런 것 아니겠어?

때로는 학교도 청소년기도 끔찍하게 싫다는 생각이 들 거야. 하지만 네가 만면에 미소를 머금고 매일 보는 사람들에게 상냥한 말 몇 마디만 건네도 이 지구라는 별을 덜 팍팍한 곳으로 만드는 데 일조하는 셈이 돼. 게다가 친구야, 그게 바로 **세상을 변화시키는** 일이야.

마무리는 해리엇 터브먼에게 맡기도록 하자. 해리엇 기억하지? 잘 알려지지 않은 우리의 여성 영웅 말이야. 해리엇은 노예 수백 명이 탈출하도록 돕는 일을 쉬는 동안 아주 지혜롭고도 흥미로운 이야기를 들려줬어. 그중 하나를 적어 볼게.

"항상 기억하세요, 여러분의 내면에는 세상을 바꿀 만한 강인함과 인내와 열정이 있답니다."

가끔은 그런 엄청난 변화가 헉 소리 날 정도로 쉽게 일어나기도 해. 네 미소가 좀처럼 웃지 않는 사람에게 미칠 효과를 생각해 봐.

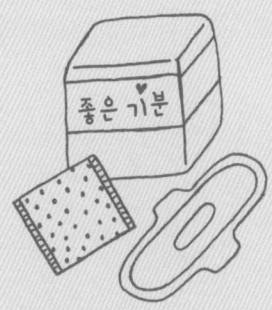

4장
생리, 피할 수 없는 그날의 시발점[13]

---

13 내가 이번 장에서 사용하는 시발始發이라는 단어는 공식적으로 별 탈 없는 말이야. 생리가 시작되는 시기니만큼 옳은 표현이기도 하고.

더 미루는 건 의미 없겠다. 이쯤이면 생리에 관해 이야기할 때가 됐지.

마법에 걸렸다고도 해.
'월경'이라고도 부르고.
'달거리'라는 말도 있어.
'그날'이라고도 하지.

영국에서는 '화가가 놀러 왔다'거나 '플로 숙모의 방문'이라고 말하기도 해.

도넛에 잼 바르는 중이라거나
붉은 파도를 타는 중이라거나
깔개 위에 앉았다는 표현도 있지.

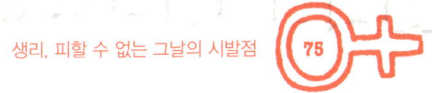

이런 속칭 중에서도 가장 암호 같은 표현은 바로

생리를 좋아하는 사람은 없어.

아무도.

표본 집단의 여학생들에게 여자라서 가장 싫은 것 한 가지만 말해 보라고 하니까 이렇게 대답하더라고.

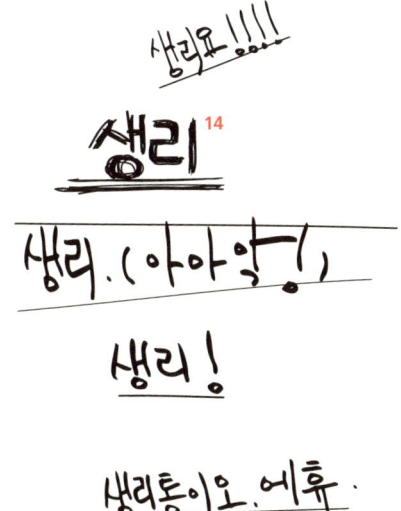

---

14 생리. 한 획 한 획에 생리의 불편함을 담았군.

나도 동의하는 바야.

생리는 성가신 일의 시발점이야.

하지만 말이야 생리는 꼬마 아이였던 너를 **젊은 여성**으로 성장하게 해 주는 필수 요소야.

생리를 하는 며칠 동안은 마치 영혼이 빠져나간 느낌이 들 거야. 하지만 일단 생리를 하기 시작했다는 건 네 몸이 엄청 커다란 빨간 표시등을 요란하게 깜빡이며 너에게 중요한 사실을 알려 주고 있다는 뜻이야. 너도 이제 **생명을 만들어 내는 신비한 능력**을 갖추게 되었다고 말이야.

달리 말하자면, 작은 정자 손님이 네 몸에 들어오면

넌 임신을 할 가능성이 있다는 거야.

이해했지?

잘했어.

생리, 피할 수 없는 그날의 시발점

임신에 대해서는 성관계를 갖기 전까진 걱정할 필요가 없어. 게다가, 법적으로도 16세 생일 전엔 그런 관계를 갖는 것이 금지되었어. (사실 이건 영국의 경우야. 한국의 법은 만 13세 이상 청소년들의 성적 자기결정권을 인정하고 있어.) 그렇다 해도 이 법을 쏜살같이 달려 나가야 하는 경주의 출발 신호쯤으로 여겨서는 안 돼. 성적인 것은 다른 장에서 이야기해 보자. 도넛에 잼을 바르는 일과 사랑을 나누는 두 가지 주제를 한데 섞어 놓을 필요는 없으니까.

대부분 여자아이들은 열한 살에서 열네 살쯤 초경을 해. 하지만 일곱 살처럼 아주 어린 나이에 시작하는 아이들도 있고 열일곱까지 기다려야 하는 아이들도 있어. 만일 네가 늦게 시작하는 아이라면 네 친구들은 이미 들어간 수상한 '**생리 동아리**'에 들지 못했다는 이유로 자못 좌절감이 들지도 몰라. 그러다가 어느 날 화장실에서 아래쪽을 내려다보고 뭐가 죽었나 싶어 화들짝 놀랄지도 모르지. 그러고는 도대체 왜 이걸 빨리 시작했으면 하고 안달했었나 생각하겠지.

그러니까, 그게 정확히 뭐냐고?

이 이야긴 모두 과학과 관련이 있는데……

생리는 네 **월경 주기**의 일부야. 경주와는 아무 관련 없어. 이건 생식 기관에 관한 거야. 네 생식 기관은 이렇게 생겼지.

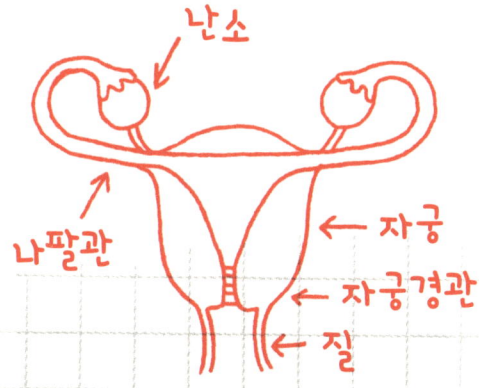

 소녀가 된다는 것

월경 주기에서 **첫째 날**은 생리가 시작된 날이야.

기본적으로 자궁, 또는 아기집을 깨끗하게 청소하는 일이지. 혈액 속 필요 없는 노폐물을 내다 버린다는 뜻이야. 썩 기분 좋진 않지. 그래도 몸속에 갖고 있기보다는 내보내는 편이 나아. 운이 좋다면 다달이 하는 이런 청소가 단 2~3일이면 끝날 거야. 네 자궁이 청소에 엄청 열을 올린다면 일주일이 걸릴 수도 있어. 그보다 더 길어지기도 하고. 기억해, 우린 모두 달라.

결국, 불필요한 혈액 노폐물의 흐름은 멈출 거야. 생리 첫날이 다시 돌아올 때까지 네 눈으로 확인할 수 있는 월경 주기는 이게 다야. 약 28일 정도 걸리지. 그보다 짧을 수도 있고 좀 더 긴 사람도 있어. **다 다르니까, 기억해 둬.**

골치 아픈 부분이 끝나긴 했지만 네 몸속에선 계속 일이 진행되고 있어. 생리가 멈춘 뒤에 네 몸은 호르몬을 분비하기 시작해. 이 호르몬은 네 난소에게 알을 배출하라고 명령하지.

> 그래, 맞아
> # 네가 알을 낳는다고!
>
> 정확히는 난자라고 불러. 여자들은 모두 1~2백만 개의 알을 바구니에 담은 상태로 태어나. 음, 확실히 하자면 바구니가 두 개야. 그건 난소라고 불러. 그러고는 매일매일 백만 개의 난자 중 몇 개씩 잃어버리지. 사춘기가 올 때쯤엔 40만 개 정도만 남아. 어떤 여성들은 30세쯤 되었을 때 난소에 몇 개 안 되는 난자만 남는 바람에 휑뎅그렁한 곳에서 난자가 뒹굴뒹굴 굴러다닐 지경이 되어 버리는 경우도 있어. 이런 경우엔 임신하기 위해서 체외 수정 같은 처치를 받아야 해.

생리, 피할 수 없는 그날의 시발점

호르몬은 자궁에게 난자를 위한 준비를 하라는 명령도 내려. 난자가 **수정되었다면** 한동안 자궁 안에 머물게 돼. 자궁은 손님 맞을 준비를 완벽히 하기 위해 자궁벽에 두툼하고 부드러운 쿠션을 덧대. 수정된 난자가 편안하고 아늑한 보금자리에 안전하게 자리 잡을 수 있도록 말이야.

그런 준비를 하는 동안 난자 하나가 나팔관을 타고 자궁으로 내려오기 시작하지. 그러고는…… 대부분의 경우엔 **아무 일도 일어나지 않아**. 왜냐하면, 정자 손님과 만나서 어울리지 못한 난자는 필요 없는 존재가 되어 버리거든. 편안하고 아늑한 보금자리를 제공하기 위해 준비해 둔 두껍고 부드러운 쿠션도 마찬가지야. 그래서 자궁은 청소를 시작해. 자궁벽에 두껍게 쌓아 두고 있던 걸 다 내던져 버리지. 그렇게 다시 월경 주기가 시작돼.

기술적인 관점에서 볼 때,
네 생식 기관은
경이로움 그 자체야.

탐폰을 질에 끼워 넣는 관점에서 보자면 이런 과정을 좋아하기는 무척 힘들지.

그런 생각을 하면서 우리가 자연스럽게 넘어갈 이야기는……

여성 위생 용품

여성 위생 용품이라는 말은 슈퍼마켓이나 약국에서 붉은 파도를 흡수하는 제품을 설명하기 위해 사용하는 일급비밀 암호야. 그곳에서는 다달이 찾아오는 생리를 잘 끝내는 데 필요한 모든 것을 구할 수 있지. 이 흥미진진한 물건들을 한 번에 한 품목씩 찬찬히 살펴보도록 하자.

생리대

이건 묶음으로 팔아. 낱개를 패드라고 부르기도 해. 너도 이미 친숙할 거야. 아니라면, 곧 그렇게 될 거야. 얼마 안 있어 엄마가 방문을 두드리고는 잘 알아들을 수 없는 말을 뭐라 중얼거리면서 생리대 한 묶음을 침대 위로 던지고 떠날 거야.

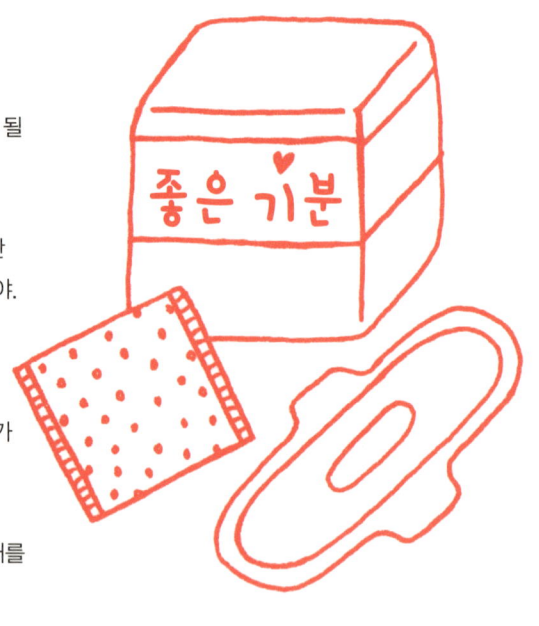

엄마가 혹시 중요한 날을 그냥 넘기지 않는 스타일이니? 그 경우라면 엄마는 널 데리고 나가 맛있는 음식을 사 주면서 아주 중요한 날이라고 말해 줄 거야. 그러고는 함께 마트로 가서 생리대를 사겠지.

어느 쪽이 되었든, 생리대에서 시작하면 돼.

생리, 피할 수 없는 그날의 시발점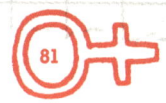

생리대는 두께가 다양해. **팬티라이너**, **소형**이라는 단어를 눈여겨봐. 이런 종류는 화장지 한 장보다 약간 더 두꺼운 정도라서 생리가 시작되거나 끝나는 날 사용하기에 좋아. 하지만 양이 많은 날엔 아무 소용없어.

중형이라고 적힌 건 제 역할을 톡톡히 해내지. 그걸로 부족하다면 **대형**이나 **오버나이트**라고 적힌 제품을 찾아봐야 해.

어떤 제품은 **날개**가 달렸어. 네가 생각하는 것처럼 흥미로운 건 아니야. 날개라는 건 아랫도리 속옷의 천을 덧댄 곳[15] 밑으로 접어 붙여서 생리대가 뒤틀리지 않도록 고정해 주는 부분이야. 만약 네가 생리 중에 물구나무서서 돌아다니고 싶다면 아주 중요한 역할을 하는 부분이지.

장점 :

☺ 생리대는 사용하기 쉬워. 척 꺼내서 속옷 안에 붙이면 끝이니까.

단점 :

☹ 부피가 있지. 작고 얇은 가방을 들 생각은 버려야 해. 배낭을 사용해야 할 거야.

☹ 움직이지 않도록 아래쪽에 끈끈이가 붙어 있어. 만약 끈끈한 부분이 네 음모에 닿으면, 어떻게 되는지 너도 알 거야.

☹ 마치 다리 사이에 서프보드를 끼고 있는 듯한 느낌이 들 수도 있어.

 **생리대는 자주 갈아야 해**. 안 그러면 바퀴 달린 쓰레기통 같은 냄새를 풍길 위험이 있어.

---

15 내가 방금 아랫도리 속옷이라는 단어를 썼니? 맙소사. 내가 또 그랬네.

 소녀가 된다는 것

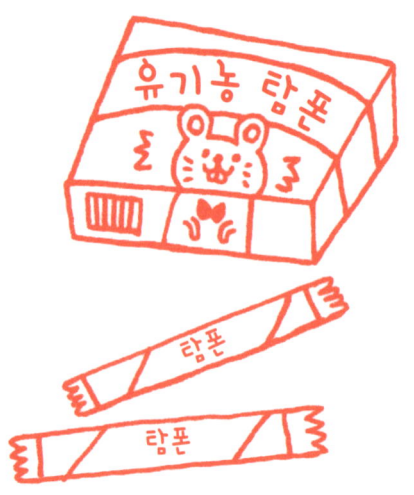

탐폰

작은 통 안에 들어 있고 단단해. **체내형 생리대**라고도 해. 네가 생리대에 정떨어졌을 때 접하게 될 물건이야. 이미 밀접한 관계를 맺고 있을지도 모르겠다. 그렇다면, 여기서는 **밀접하다**는 말이 바로 핵심이야. 왜냐하면, 탐폰은 질 바로 안쪽에 밀접하게 자리 잡고선 자궁이 정리정돈 주간에 내다 버리는 끈끈하고 걸쭉한 분비물을 모두 흡수하거든. 기본적으로 탐폰은 스펀지와 플러그 사이의 이종 교배로 생겨난 셈이지.

그러니까 사실 이렇게 불렸어야 해.

스플러그 또는 플런지.

하지만 그러지 않았어.

어떤 사람들은 생쥐 같다고도 해. 하얗고 보송보송한 데다 꼬리도 있잖아. 사실, 그건 꼬리가 아니라 끈이야. 무엇보다 그 끈은 엄청나게 중요해. 탐폰을 빼낼 때 사용하거든.

생리, 피할 수 없는 그날의 시발점

탐폰도 생리대처럼 제품별로 크기와 흡수량이 다양해. 라이트, 레귤러, 슈퍼 같은 이름을 사용하지. 슈퍼는 헤비라고 부르기도 해. 또 **슈퍼 플러스**나 **엑스트라 헤비**도 있어. 전부 이름만 봐도 뜻을 알 수 있지. 하지만 중요한 규칙이 몇 가지 있어.

1. 작은 것부터 시작해. 라이트부터 말이야. 끈을 잡아당기지도 않았는데 아늑한 보금자리가 넘쳐흐르는 느낌이 든다면 레귤러로 바꿔야 해. 그랬는데도 똑같은 일이 벌어진다면 슈퍼로 바꿔. 생리 양에 알맞은 크기를 사용하는 것이 중요해. 불필요하게 큰 솜 덩어리를 몸속에 넣고 뒤뚱거리면서 돌아다니고 싶지는 않을 거야.

2. 끈이 어디에 있는지 확실히 알아 둬야 해. 탐폰을 집어넣기 전에 끈을 잡아당겨서 잘 풀어놓는 걸 잊지 마. 그걸 다시 꺼내려고 손가락으로 이리저리 움직이면서 끈을 찾고 싶진 않을 거야.[16]

3. 생리대와 마찬가지로 탐폰도 자주자주 교체해야 해.

탐폰을 삽입하는 방법은 두 가지야. 어플리케이터라고 부르는 두꺼운 종이나 플라스틱 재질의 작은 원통형 도구가 간편하게 사용할 수 있도록 도와주지. 큰 원통의 끝부분을 질 속으로 밀어 넣은 뒤 반대편 끝의 작은 원통을 집어넣어. 그러면 탐폰이 마술처럼 정확히 필요한 위치에 자리 잡게 돼.

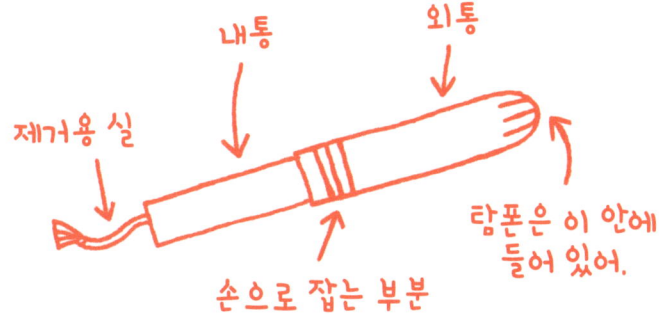

---

16 그런 일이 발생한 경우라면, 아마도 과도하게 흡수한 탐폰이 중력에 의해 저절로 빠져나올 가능성이 커. 하지만 꽉 껴서 빠지지 않는 상황이라면 믿을 만한 성인 여성에게 말하고 병원에 데려가 달라고 부탁해. 그리고 같은 여자니까 여자 의사에게 진료를 받겠다고 해. 의사가 그걸 빼 줄 거야. 그게 네 몸 안에서 우주 쓰레기처럼 떠돌게 두지는 마.

 소녀가 된다는 것

누구나 다 어플리케이터에 잘 적응하는 건 아니야. 그럴 땐 **어플리케이터가 없다는 문구**가 적힌 제품을 찾아야 해. 이런 종류의 탐폰은 생김새가 단순하고 작아. 그냥 손가락 끝을 사용해서 제 위치에 밀어 넣으면 돼.

> 어플리케이터가 있는 것 vs 어플리케이터가 없는 것?
> 너의 결정에 달렸어!

<표 2> 어플리케이터가 주는 기쁨과 슬픔 그리고 어플리케이터가 없는 탐폰

	어플리케이터가 있는 탐폰	어플리케이터가 없는 탐폰
장점	☺ 손가락에 피가 묻지 않아. ☺ 대게 올바른 방향으로 잘 들어가.	☺ 가방 안 공간을 별로 차지하지 않아. ☺ 탐폰 어플리케이터를 만들려고 멋진 나무를 자르거나 잘 분해되지 않는 플라스틱을 생산하지 않아도 돼.
단점	☹ 크기가 커서 가방 안 공간을 많이 차지해. ☹ 연습이 필요해. ☹ 쓰레기양이 늘어나. 버릴 때는 함께 제공되(길 바라)는 전용 봉지를 사용해야 해. 어플리케이터를 변기에 버려서는 안 돼. 변기가 막혀 버리거든. 그러면 사람들이 a) 변기를 고장 냈다고 널 미워할 거야. 그리고 b) 네가 그날이라는 사실이 만천하에 공개되지.	☹ 손가락에 피가 묻어. ☹ 가끔은 잘 안 들어갈 때가 있어. ☹ 적어도 어플리케이터가 있는 탐폰만큼 연습이 필요해.

생리, 피할 수 없는 그날의 시발점

탐폰을 처음 사용할 땐 다루기 번거롭다는 생각이 들 거야. 그게 정상이야. 여유를 갖고 변기나 욕조 가장자리에 앉아 봐. 그 자세가 도움이 돼. 긴장 풀고 위아래나 양옆으로 조금씩 몸을 움직여 봐. 그러다 보면 편안하게 느껴지는 위치로 들어가 자리를 잘 잡을 거야. 만약에 제대로 들어가지 않았다면 너도 바로 알아챌 거야. 불편한 느낌 때문에 펭귄처럼 뒤뚱거리게 될 테니까. 그러니까 정말 아주 간단해. 네가 해야 할 일은 바로 황금률을 기억해 두는 거야.

그러면 **짜잔!** 넌 제대로 탐폰을 사용하게 된 거야.

탐폰을 사용하든 생리대를 사용하든, 개인적인 볼일을 보기 전이나 후엔 항상 손을 깨끗이 씻어야 해.

또 **여성 위생 용품 코너**의 판매대에는 이런 물건들도 있어.

여성용 물티슈 축축하게 젖은 휴지야. 청결을 유지하기 위해 사용해. 은밀한 부위에 말이야.

스프레이형 여성 청결제 이 물건의 역할은 정확히 통에 적힌 그대로야. 손에 쥐고 팔을 쭉 편 다음 분사구를 질 입구로 향하게 해서 **발사해**.

이 두 가지는 가격도 저렴하고 간편하게 사용할 수 있어. 또 그날이라는 사실을 다른 사람들이 **알아챌지도 모른다**는 불안감을 떨치고 자신감 있게 행동하도록 도와주는 제품이야. 솔직히 말하면 둘 다 꼭 사용할 필요는 없어. 닦아 내고 뿌리면 축축하거나 불쾌한 냄새가 난다는 느낌은 덜지 모르지만 그것도 오래가지는 않아. 불쾌한 냄새를 없애려면 제대로 꼼꼼하게 씻어 내는 방법뿐이야.

생리 중에는 매일매일 간단한 목욕이나 샤워를 해.

그러니까 생리는 정신을 쏙 빼놓긴 해. 하지만 **극심한** 고통까지는 아니야, 안 그래?

어…… 그래. 가끔은.

월경 주기는 놀랍고도 영리해. 이 점을 절대 잊지 마. 그런데 성가시게도 거기엔 시스템상의 작은 문제가 몇 가지 있어.

생리할 때 나이와 상관없이 어떤 사람은 **불쾌한 설계상의 문제**를 경험하기도 해. 물론 그런 일을 겪지 않는 사람도 있지. **우리는 모두 다르니까.**

첫 번째 문제는 생리가 시작되기 전에 발생해. 분명한 문제라고 하기에는 좀 약하지. 그보다는 감정이라는 편이 맞을 거야.

생리, 피할 수 없는 그날의 시발점

그 때문에 너는 **지치고**

짜증이 나고

또

울고 싶고

또

지리멸렬에 빠지고[17]

또

진짜 사납게 분노를 폭발하지.

딱 꼬집을 만한 이유도 없이 말이야.

그러다가 점점 상태가 나아져. 한편으로는 이런 기분 좋은 승리감과 함께 가슴이 쿡쿡 쑤시는 통증과 머리가 깨질 듯한 두통을 겪기도 해.

그러고 나면 플로 숙모가 찾아오시지.

멋진 일이야.

본격적인 활동에 앞서 벌어지는 이런 유용한 준비 운동을 이렇게 부르지.

---

[17] 아주 훌륭한 단어야. 이리저리 흩어지고 찢겨 갈피를 잡지 못한다는 뜻이지.

월경전 증후군

또는 월경전 긴장증이라고도 불러.

증후군이나 긴장증, 별로 좋을 건 없지.

많은 여성이 **몇 가지** 월경전 증후군 증상을 겪지만 자기 그림자를 향해 욕을 할 만큼 증상이 심각한 사람은 극히 드물어. 증상을 겪는 대부분은 20대 후반에서 40대 초반의 여성들이야.

좋은 소식은 그 기간이 영원토록 이어지지는 않는다는 거야. 생리가 시작되면 월경전 증후군 증상은 보통 씻은 듯이 사라져 버리지.

아, 하지만 두 번째 작은 결함이 있어.

자궁이 수정된 난자가 들어올 경우를 대비해 매달 자궁벽에 쿠션을 덧댄다고 했던 거 기억나지? 그러면 수정란이 들어오지 않았을 때는 대청소를 한다고 했던 것도 기억나니? 자궁벽에 두껍게 덧댄 안감이 필요 없어지면 그걸 죄다 밀어내려고 자궁이 작게 오그라들어. 수축한다고도 말해. 이런 **수축 작용**이 너무 강하게 일어나면 너도 그걸 느끼게 되지. 때때로 강한 수축 작용 때문에 무척 불편한 느낌이 들기도 해. 이런 불편하고 불쾌한 느낌이 **생리통**이야.

생리, 피할 수 없는 그날의 시발점

생리통은 생리혈이 흐르기 시작한 **뒤에** 시작돼. 생리통을 겪는다면 아랫배가 아픈 느낌이 들 거야. 둔한 통증이 계속되는 경우도 있고 끔찍한 통증이 한 시간가량 폭발적으로 일어나는 경우도 있어. 어느 쪽이든 경쾌한 노래를 흥얼대며 거리를 깡충깡충 뛰어가고 싶지는 않을 거야.

사실 생리통을 겪을 때는 침대와 화장실 사이를 정처 없이 떠돌게 될 가능성이 있어. 배가 아플 뿐 아니라 갑자기 설사를 하는 경우도 있거든.

대부분은 생리통 때문에 괴로워하는 것도 한때야. 하지만 달이 바뀔 때마다 매번 이런 쓸데없는 고통을 겪는 사람도 있어. 생리통은 매우 흔히 겪는 문제야. 그뿐만 아니라 대자연의 어머니께서 **아무 문제가 없다**는 뜻으로 우리에게 보내는 메시지일 경우가 대부분이지. 또 네 몸 안의 모든 것들이 제대로 작동한다는 의미이기도 해.

그 점 고맙게 생각하고 있어요, 대자연의 어머니.

너무 낙심하지는 마. 생리통을 쫓아낼 방법이 있으니까.

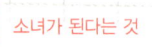

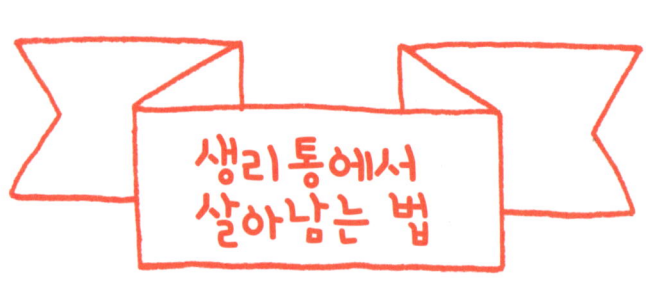

생리통에서 살아남는 법

활동 나도 알아, 말도 안 되는 소리처럼 들릴 거야. 그래도 신체 활동은 생리통을 막는 데 꽤 효과적인 방법이야. 진짜라고! 생리가 시작되자마자 자전거를 타거나 춤 동작을 따라 하거나 개를 산책시켜 봐. 약간의 행운이 따른다면 네 인생의 불청객인 생리통을 영원히 내쫓아 버릴 수도 있다니까. 한번 해 볼 만하잖아, 어때?

생리, 피할 수 없는 그날의 시발점

온도 통증이 찾아왔을 때 몸을 따뜻하게 해 주는 방법은 아주 효과가 좋아. 병에 따뜻한 물을 담아서 그걸 끌어안고 소파에 앉아 몸을 웅크려 봐. 전자레인지로 데울 수 있는 찜질팩도 괜찮아. 너무 뜨거워지지 않도록 주의해야 해. 생리통을 1도 화상과 바꿔 봐야 아무런 소용도 없으니까.

목욕 위에서 말한 것과 같은 원리야. 네가 직접 따뜻한 것 속으로 들어간다는 것만 빼면. 목욕물 온도를 너무 뜨겁게 하지는 마. 그렇게 하면 욕조에서 나올 때 상황이 더 나빠질 거야.

이 모든 방법이 듣지 않는다면……

진통제를 사서 먹는 방법도 있어. 약국에 가거나 엄마에게 여쭤 봐. 엄마는 알고 있을 거야.

 소녀가 된다는 것

월경전 증후군과 생리통이 둘 때문에 넌 외롭다는 느낌이 들 거야. 구렁텅이에 빠졌다는 생각이 들지도 몰라. 사실 그런 느낌은 그리 오래가지 않아. 그렇지만 생리통이 너무 심해서 학교나 학원을 빠지거나 평소에 늘 하던 취미 활동도 못 할 정도로 생활에 지장을 겪는다면 그건 문제가 돼.

그러니까, 만에 하나라도 네 일상생활이 무너진다면 엄마나 맘씨 좋은 이모나 너에게 공감해 주는 언니에게 털어놓도록 해.

다들 월경전 증후군이나 생리통을 겪어 본 경험이 있을 테니까 당황하지 않을 거야. 네가 느끼는 것이 생리할 때 일반적으로 겪는 증상인지 아니면 의사를 찾아가 진료를 받아 봐야 할지를 결정하는 데 도움이 될 거야.

> 외로이 홀로 앉아서 말없이 참아 내지는 마.

그럴 필요 없어. 살아 있는 여성이라면 누구나 네가 어떤 느낌일지 잘 알 테니까.

생리, 피할 수 없는 그날의 시발점

그럼 이번 장은 완전 암울하고 비관적인 내용으로 가득 차는 건가?

글쎄…… 꽤 그런 듯도 하니…… 맞아……. 음, 아니, 전부 그런 건 아니고…… 그럼…… 위안거리도 약간 있다고 해 두지 뭐. 월경전 증후군과 생리통이 극심해서 괴롭다면 이런 위안거리를 떠올려 봐. 그럼 끝이야. 아주 소소한 것들이지만. 그래도 꽤 중요하다고, 안 그래?

소소해 보이지 않도록 커다란 글자로 적어 볼게.

1. 넌 젊은 여성이야.

그래 맞아, 정말 그래. 그러니까 아직 투표하거나, 술을 마시거나, 차를 운전하거나, 제트스키를 빌리거나, 성관계를 하거나, 결혼할 나이는 아니지만, 자연의 섭리가 작용하는 한, 너희는 모두 여성이라고!

2. 생리 중이라는 건 화장실 자유 이용권 역할을 해.

연간 자유 이용권이지. 넌 당황한 표정으로 이렇게 속삭이기만 하면 돼. '저, 화장실에 좀 다녀와야겠어요.'라고. 너희 선생님이 사람이라면, 허락해 주실 거야. 묻지도 따지지도 않고 말이야.

3. 생리 덕분에 체육 시간에 쉴 수도 있어.

눈보라가 몰아치는데 야외에서 오래달리기 같은 운동이 예정되어 있을 경우 정말 완벽하지. 먼저 쪽지가 필요해. 이걸 체육 시간에 빠지는 카드로 사용하는 거야. 아껴 가면서 현명하게 말이야. 체육 선생님들은 자신이 가르치는 여학생들의 월경 주기를 일일이 기억해 두는 이상한 습관이 있거든. 보건 선생님이 너의 끝나지 않는 괴물 같은 생리를 들먹이며 농담하는 걸 듣고 싶지는 않을 거야.

 소녀가 된다는 것

4. 생리는 '추리닝'을 입은 채로 빈둥거리거나 소파와 혼연일체가 되어 텔레비전을 보고 과자를 먹을 수 있는 타당한 이유가 되어 주지.

엄마나 언니나 여동생이라면 이해할 거야. 아빠나 오빠나 남동생은 네가 생리의 '생'자도 꺼내기 전에 쏜살같이 자취를 감춰 버릴 테고.

소소한 것들을 모아 보니 커다란 위안거리가 생겼잖아.

(맞아, 그래도 쓸데없는 건 마찬가지야. 그래도 도움이 된다면 내 개인적인 정보를 나눠 볼까 해. 이번 장을 쓰는 동안 그날이 시작됐지 뭐야. 그래도 결국 해냈어, 내가 말이야!)

5장
화장, 의상, 첫인상

 소녀가 된다는 것

아름다움은 가죽 한 꺼풀이다

그래. 맞아. 인정해. 하지만 다른 사람들이 너를 처음 볼 때 받는 인상은 그 얇은 가죽 한 꺼풀에 좌우되지. 그러니까 적당한 수준의 외모는 사실 꽤 중요해. 최근 아주 똑똑한 심리학자들이 연구했는데, 사람들이 다른 사람의 첫인상을 결정짓는 데 0.5초밖에 걸리지 않더래.[18]

하지만 너를 멋대로 판단한 누군가의 건방진 생각을 바꾸는 데는 꽤 오랜 시간이 걸려.

그건 불공평하고 천박한 데다 어리석기까지 해. 그런데 **사실**이기도 하지.

첫인상의 기본은 외모야. 우린 모두 그런 식으로 성급한 판단을 내려. 너도 마찬가지일 거야. 생각해 봐. 치과 대기실에 들어섰거나 사람이 가득한 버스나 지하철에 올랐는데 빈자리가 몇 개 있어. 그런데 죄다 옆자리에 누군가 앉아 있어. 너라면 어떻게 하겠니?

넌,

1. 가장 가까운 곳에 앉는다. **옆에 누가 앉아 있는지는 상관없다**.

2. 서 있겠다. 누군지도 모르는 사람 옆에 앉는 건 **말도 안 되는 일**이다.

3. 인사하며 말을 건다. 잠깐 이야기도 나눈다. 실제 어떤 사람인지 알아낸 **다음**, 앉을 자리를 고른다. 아니면…….

4. 자리의 상황이 어떤지 재빨리 눈으로 확인한 다음 a) 제일 깔끔하고 b) 도끼 살인마의 모습과 가장 거리가 멀다고 생각되는 사람 옆에 앉는다.

장담하건대 넌 4번일 거야. 혹시 아주 초조한 경우라면 2번을 고를 수도 있겠지. 어느 쪽이 됐든 눈에 보이는 것에만 기초해서 성급한 판단을 내린 셈이야.

---

[18] 그 0.5초라는 연구 결과에 대해서는 아직도 논쟁 중이야. 이 문제에 대해 좀 더 알고 싶다면 연구를 진행한 똑똑한 과학자들에게 메일을 보내 봐. 나한테 보내지는 말고. 이 연구는 스코틀랜드의 글라스고대학과 미국의 프린스턴대학이 공동으로 진행했어. 그렇게 해서 만들어 낸 잘난 논문이 바로 〈어떤 식으로 첫인사를 건네는가? 잠깐 들은 목소리로 어떤 성격인지 판단한다〉야. 2014년 발표된 이 논문의 저자는 필 맥칼리어, 알렉산더 토도로프, 파스칼 벌린이야. 자, 이제 너도 아는 거다.

그렇다고 자책할 건 없어. 그건 동굴에서 생활하던 우리의 조상에게서 물려받은 반사적 반응일 뿐이니까. 그 시절엔 살기가 힘들었잖아. 우린 모두 하루에도 천만 번씩 이런 순간적인 판단을 내려야 해. 살아남느냐 호랑이의 뾰족한 송곳니에 덥석 물려 씹히느냐가 순간의 선택에 좌우되지.

그런데 만약 1번을 골랐다면, 아주 잘한 거야! 네 몸속엔 천박한 판단을 내리게 하는 유전자가 없어. 옆자리에서 널 쏘아보는 사람이 점잖게 굴기만을 바라자.

3번을 골랐다면, 넌 결국 혼자 앉게 될 가능성이 커. 사람들이 허겁지겁 떠나는 거 보이지? 그런 걸 순식간에 도주했다고 하지.

어쨌든, 첫인상은 우리 생활의 일부를 차지하고 있어. 그 사실이 네 맘에 들건 말건 상관없이 그게 현실이지. 그러니까 너도 좋은 인상을 주기 위해 열심히 노력해야 해.

네가 어떤 사람이든, 너의 등장과 함께 사람들이 달아나는 모습을 보지 않으려면 몇 가지 간단한 규칙을 지켜야 해. 가장 확실하면서도 가장 중요한 것부터 조심스럽게 시작해 보자.

청결을 유지해

네가 모습을 드러내기도 전에 사람들이 네 냄새부터 맡길 바라지는 않을 거야. 그래서는 안 돼.

목욕이든, 샤워든, 아니면 수건에 물을 묻혀 온몸을 구석구석 닦는 옛날 방식이든 **매일매일** 씻어야 해. 그러지 않으면 독성 폐기물 같은 냄새를 풍길 위험을 무릅써야 할 거야.

겨드랑이를 잠깐 킁킁대고는 아무 냄새도 안 난다며 상황을 덮을 생각은 말아. 대부분 사람은 자기 몸에서 나는 냄새를 의식하지 못하니까. 이 말은 암내가 나는데도 본인은 모를 수 있다는 뜻이야.

여기서는 **네**가 나보다 훨씬 위험하다는 점에 주의해야 해.

이유를 꼽자면 너는 십 대고 나는 아니기 때문이야. 그러니까 너에게는 거친 십 대의 호르몬과 걷잡을 수 없이 증가하는 땀샘이 있다는 얘기야. 그 땀샘들이 박테리아 때문에 막히면 네 주위의 모든 사람이 그 사실을 알게 돼.

요행을 바라지는 마.

비누로 매일 씻어서 땀과 화장실 냄새를 만들어 내는 박테리아를 없애야 해. 겨드랑이와 성기와 엉덩이와 발에 특별히 신경 쓰고.

그리고 말이 나온 김에, 목욕 수건으로 목을 꼼꼼히 닦아 내는 것도 좋은 방법이야. 그렇게 하면 교복 셔츠 옷깃에 민망한 회색 땟자국이 남는 걸 방지하는 데도 도움이 돼. 다 씻었으면 몸을 구석구석 잘 말린 다음 데오도란트를 몇 번 뿌려.

내가 하는 말이 꼭 엄마한테 듣는 잔소리 같다면 미안해. 그래도 그건 나랑 너희 엄마 둘 다 널 걱정한다는 뜻이야.

그러니까, 어려울 것 없어. 이제 땀에 젖어 냄새나는 옷을 다시 입어서 지금까지 깔끔하게 잘 씻었던 걸 없던 일로 돌리지 않도록 조심해. 꼭 기억해 둬.

네 옷에서 된장찌개나 청국장 냄새가 난다면, 너에게서도 마찬가지야.

핵심은 몸과 옷을 청결히 관리하는 거야. 다른 것들은 모두 한낱 장식품에 불과할 뿐이야.

화장, 의상, 첫인상

얼굴에 관한 진실

누구나 자신이 가진 것에 만족하긴 힘들어. 텔레비전에 나오는 '아름다운' 사람들도 마찬가지야. 그렇게 항상 조금씩 잘라 내고 고치고 하는 이유가 그 때문이야. 너에게 그렇게 하라는 충고는 하지 않겠어. 내가 해 줄 충고는 네 얼굴을 있는 그대로 좋아하는 법을 배우라는 거야. 넌 완벽하지 않다고 생각하겠지만, 네 얼굴은 독특하고 자연스럽고 특별해. 그리고 **늘 웃음 띤 표정을 지어**. 장담하건대 **사람들은 너를 매력적이라고 생각할 거야**. 코가 감자같이 생겼어도 싱그럽고 사랑스러운 미소를 띤 얼굴이 완벽함에 가까운 얼굴보다 훨씬 나아. 또 벨라트릭스 레스트렝이나 눈의 여왕이나 그 밖에 예쁘장한 외모로 비도덕적인 짓을 일삼는 다른 처자의 얼굴과도 비할 바 없고 말이야.

이 얘기를 하면서 **치아**를 빼놓을 수는 없지. 너무 뻔하지만 깨끗이 닦아야 해, 알지? 아침저녁으로 말이야. 치아 사이에 낀 고춧가루 때문에 매력적인 미소가 한 방에 무너지는 수가 있거든.

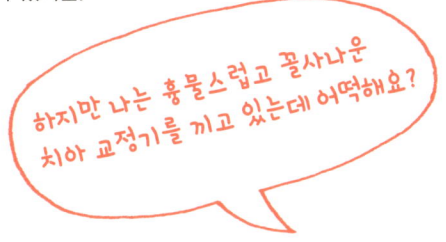

더 활짝 웃어. 넌 어린 나이에 치아를 교정하고 있잖아, 그것도 완전 공짜로.[19] 현명하시군요, 자매님! 교정기를 제거하면 **넌 눈부시게 아름다운 미소**를 짓게 될 거야. 그러니까 어서 웃는 연습을 해 둬.

상냥한 미소를 띤 얼굴은 곧 **승리**를 의미해. 하지만, 이봐, 우리는 여자야. 메이크업 브러시로 파우더를 바르고 싶다면 그래도 돼. 한편으로는 여자로 산다는 것이 너에게 이득이 될 때도 있다니까.

---

19 네가 열여덟 살 미만이고 영국에 산다면 공짜로 치과 관리를 받을 권리가 있어. 그 시기가 지나면 굉장히 비싸지지. 이가 흔들리거나 변색되었다면 보호자를 졸라서 치과에 가! (한국에서는 교정까지는 아니지만 구강 검진과 불소 도포, 실란트 등의 비용 지원을 받을 수 있어.)

 소녀가 된다는 것

화장

소녀들은 원하는 대로 자신을 꾸며도 돼. 달콤하게 반짝반짝 빛나는 입술을 원한다면 립글로스를 살짝 발라 봐. 생기 없는 표정을 벗어 버리고 싶다면 블러셔를 톡톡 두드려 바르는 방법도 있어. 길고 풍성한 속눈썹을 원한다면 마스카라를 쓱쓱 바르면 돼. 정리 끝.

만약에 소년이 이런 이야기를 한다면 즉시 누군가가 그 아이를 게이라고 놀릴 가능성이 커.

그건 공평하지 않은 일이야.

다시 말해 볼게. 입술에 립스틱을 바르고 뺨에 블러셔를 바르고 속눈썹을 길게 붙여야 한다는 사실에 **부담감**을 느끼는 소녀들도 있어. 텔레비전에서, 영화에서, 잡지에서, 남자아이들에게서, 부모님에게서, 인터넷에서, 길거리에서 우연히 마주치는 사람에게서, 그리고 대부분 같은 반의 다른 여자아이들에게서 그런 스트레스를 받지. 이것 또한 공평하지 않긴 마찬가지야.

표본 집단의 여학생들에게 여자라서 좋은 점을 적어 보라고 하자 이런 대답이 나왔지.

화장이랑 헤어 엑세서리를 하는 것.

또 가장 안 좋은 점을 적어 보라고 하니까 이렇게 적은 아이도 있었어.

매일매일 머리를 매만지고 화장하는 것!

화장, 의상, 첫인상

자, 알겠니? 꼭 뭔가를 **해야 할 필요**는 없어. 암사자가 되라는 말을 기억해. 네가 되고 싶은 사람이 될 용기를 가져.[20]

나는 이런 식으로 생각해 보라고 제안할게.

화장은 화장일 뿐이야. 화장을 좋아하는 사람도 있고 그렇지 않은 사람도 있어. 어느 쪽이라도 다 괜찮아. **우린 모두 다르니까.** 선택은 각자의 몫이지.

여기서 조심해야 해. 화장하는 일은 예술과도 같아. 그래서 **메이크업 아티스트**라고 부르는 훈련된 전문가들이 있는 거야. 만약 너도 나처럼 이 방면에 소질이 없다면 예로부터 내려오는 진리의 말씀을 따르는 것이 최선이야. 바로 이거지.

얼굴이 생일 케이크 같아 보이기를 바라지는 않을 거야. 여장 남자 같은 모습도 마찬가지겠지.

이런 재앙을 피하는 데 도움이 될 만한 행동 규칙 몇 가지가 있어.

20 재수 없는 인간은 말고.

화장할 때 꼭 지켜야 할 것

1. **파운데이션이나 컨실러는 네 피부 톤과 가장 잘 어울리는 색을 골라야 해.** 구입하기 전에 화장품 가게나 드러그 스토어에서 테스트용 제품을 발라 보는 게 좋아. <u>색이 어울리지 않는 파운데이션이나 컨실러를 바르느니 차라리 아무것도 바르지 않는 편이 나아.</u> 가게에서 테스트용 제품을 조금 덜어서 목이나 턱에 바른 다음 손거울을 이용해서 확인해 봐. (손목 안쪽이나 손등에 바르는 건 도움이 되지 않아. 그곳 피부는 얼굴색과 다르거든.) 네게 맞는 색을 찾았다면 그 제품을 발랐을 때 네 피부에 쏙 흡수되어서 바른 표시가 나지 않지. 그런 경험을 했다면 **바로 그 제품**이야. 네 수고는 헛되지 않았어.

2. **잘 펴 발라야 해.** 그러지 않으면 화장이 들떠서 얼굴에 모자이크 처리를 한 것처럼 보일지도 몰라.

3. **집을 나서기 전에 네 솜씨를 다시 한 번 확인해.** 거울에 여러 각도로 얼굴을 비춰 보면서 이마의 머리카락이 난 부분과 턱선을 확인해야 해. 화장한 표시가 나면 그 부분을 톡톡 두드려 줘.

4. **화장품은 깨끗하고 보송보송한 곳에 둬야 해.** 그리고……

5. **아이라이너와 마스카라는 특별히 청결에 신경 써야 해.** 눈병에 걸려서 진물이 나고 눈곱이 끼는 건 싫잖아.

6. 매일 밤 잠자리에 들기 전에 메이크업 리무버나 메이크업 클렌징 티슈를 사용해서 화장을 꼼꼼히 닦아 내야 해. 그렇게 하지 않으면 피부가 화장을 거부하고 더러워져. (피부 화장을 지우는 데는 비누와 물만으로도 충분하지만 눈 화장은 그렇지 않아. 게다가 아무리 순한 비누라도 눈에 들어가면 끔찍한 고통을 주지. 그러니까 리무버나 클렌징 티슈 같은 적절한 클렌징 제품을 사용하도록 해.)

화장할 때 절대 하지 말아야 할 것!

1. **오렌지처럼 보이게 화장하지는 마.** 〈찰리와 초콜릿 공장〉의 움파룸파 족처럼 보이고 싶은 게 아니라면 말이야.

2. **마스카라에 너무 집착한 나머지 자제력을 잃어서는 안 돼.** 네 속눈썹이 길어 보이길 바라지 바스러지길 원하는 건 아닐 거야. 눈을 깜빡일 때 속눈썹에서 나는 소리가 들린다면 너무 과하게 바른 거야.

3. **점이나 여드름을 가린답시고 그 위에 덕지덕지 바르지는 마.** 악순환에 대해 말했던 거 기억하지? 여드름이 났을 때 컨실러를 약간 바르는 정도는 괜찮아. 그 이상은 안 돼. 기껏해야 컨실러라고.

4. **화장품을 여기저기 마구 덧바르지 마.** 넌 청소년이지 폐허가 된 수도원이 아니라고. 금 간 곳을 메우듯이 회반죽을 덕지덕지 바를 필요가 없어.

 소녀가 된다는 것

> ## 오렌지 얘기가 나왔으니 말인데……
>
> 태닝은 정말 쓸모없는 짓이야. 그래, 한낱 변변찮은 의견에 불과하지만 나는 내 생각을 고수하겠어.
>
> 스프레이를 뿌리는 방식의 태닝을 하면 자칫 줄무늬 움파룸파 족처럼 보일 수도 있어. 게다가 이상한 냄새를 풍길 가능성도 있다고.
>
> 기계 안에 들어가서 빛을 쪼이거나 직접 햇볕을 쏘여 태닝을 하는 방법은 피부암에 걸릴 확률을 높이지.
>
> 태닝은 쓸모없는 짓이야.

마지막으로 남자를 위해 화장하는 것에 대해 한마디만 할게. 분명 네가 화장하는 이유가 남자에게 잘 보이기 위해서는 아닐 거야. 너 자신을 위해서겠지. 하지만 인구의 다른 쪽 절반이 무슨 생각을 하는지 알아보는 것은 항상 흥미진진하지. 표본 집단의 남학생 한 명이 이런 말을 했어. 자기가 좋아하는 여자아이는……

화장에 푹 빠져 있지 않는 아이.

맞아. 푹 빠지는 건 형편없는 전략이야. 회반죽 바르듯 떡칠하는 것도 마찬가지고.

그럼, 넌 깨끗해. 냄새도 안 나. 게다가 얼굴엔 미소를 띠었지. 좋았어. 이 모든 것들이 다른 사람들과 어울려서 세상을 잘 헤쳐 나가도록 도와줄 거야. 자, 그럼 이제 나눌 이야기는……

패션

이건 미로야.

무엇보다 소녀들에는 믿기 힘들 정도로 심한 스트레스지.

상상해 봐. 네가 좋아하는 가게의 남성복 코너야. 셔츠는 고이 잘 접혀서 탁자 위에 깔끔하게 쌓여 있어. 티셔츠 몇 벌이 진열대에 걸려 있지. 잘 차려입은 점원이 주변에서 기다리다 '고객님' 하고 부르면서 청바지 고르는 걸 도와줘. 매장엔 어깨를 들썩이게 하는 멋진 음악이 흐르고…….

이제 똑같은 가게의 여성복 코너를 떠올려 봐. 티셔츠, 운동복 상의, 민소매 상의, 파티용 상의, 레깅스, 운동복 하의, 스키니 진, 핫팬츠, 카고 바지, 칠부 바지, 쫄바지, 이 모든 옷이 전부 뒤범벅이 되어서 복잡하게 얽힌 채 거대한 산처럼 판매대에 쌓여 있어. 큰 소리로 쿵쿵대면서 울려 퍼지는 댄스곡 때문에 아무 생각도 나지 않지. 진열대에는 옷을 너무 꽉 채워 걸어서 제대로 보기도 힘들어. 하지만, '와, 옷소매가 **멋진데!**' 하는 생각이 들어서 옷을 빼낸다 해도 손에 들고 있는 것은 찾던 옷과 전혀 상관없는 카디건 비슷한 종류의 어떤 옷이지. 카디건 같아 보이는 옷 말이야. 하지만 절대 입을 일은 없을 그런 옷.[21]

---

21 보나 마나 그 옷은 허리까지 오는 짧은 스웨터일 거야.

 소녀가 된다는 것

여자들은 그렇게 옷을 사. 게다가, 화장에 대해 말할 때와 마찬가지로 여기서도 의견이 완전히 반으로 갈려. 어떤 여자들은 이런 상황이 정말 재미있고 멋지다고 생각해. 뭐 남자아이들이랑 비교해 보면 우리에겐 고르는 재미가 있으니까. 하지만 그냥 평범한 카디건만으로도 만족하는 여자들도 있어.

옷은 입고 있는 사람에 대해 **엄청나게** 많은 정보를 담고 있어. 여기서 최고로 유명한 디자이너의 상표가 붙었는지 중고 가게에서 찾아낸 옷인지는 전혀 중요하지 않아. 우리에게 **어울리기만 한다면** 말이야. 옷은 포장이니까. 옷의 역할이 그거야. 이상적인 옷은 다음과 같아야 해.

1. 우리가 얼어 죽거나 쪄 죽지 않도록 해 주고 주변 환경으로 인한 우리 몸의 여러 가지 손상을 막아 줘.

2. 우리가 매력적으로 보이도록 해 주지. 이 말이 가볍게 들린다면 이런 식으로 생각해 봐. 다른 사람이 거부감을 느낄 만한 옷을 입고 싶은 거야?

두 가지 목적을 모두 만족하는 옷을 입었다면, 네 복장은 **합격**이야.

너에게 뭘 입으라고는 말해 주기는 어려워. 옷 입는 문제에서는 내 코가 석 자거든. 거기에다 사람은 모두 **다 다르잖아**. 하지만 입고 있는 옷에 스스로 만족하고 주변 사람들도 너와 함께 있을 때 기분이 좋아 보인다면 옷을 잘 입은 거야. 이제, 모두에게 두루두루 적용되는 규칙 몇 가지를 소개해 볼게.

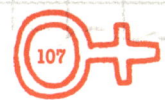

옷장 속 준수 사항

1. **딱 맞는 옷을 사**. 네 몸에 말이야. 너에게 맞았으면 하는 사이즈 말고. 이 부분은 정말 중요해. 옷이 잘 어울려 보이는 건 적당히 맞을 때뿐이야. 너무 작은 옷을 입으면 옷이 엉뚱한 부분을 꽉 조여서 마시멜로처럼 보이게 돼. 그러다가 결국 찢어지고 말지. 반대로 너무 큰 옷을 입으면 임신부처럼 보일 위험이 있어. **그러니까 알맞은 사이즈를 선택해서 입어.** 너 말고는 아무도 꼬리표에 적힌 옷 사이즈를 보지 못할 테니까.

2. **패션의 주인이 돼**. 패션의 노예가 되어선 안 돼. 최신 유행 패션은 소화해 내기가 꽤 까다로운 데다 자칫 우스꽝스러워 보일 위험이 있어. 내 말을 못 믿겠다고? 네 부모님의 옛날 사진을 뒤져 보면 그분들이 네 나이 때 어떤 옷을 입었는지 확인할 수 있을 거야. 아니, 그것보다 네 사진첩을 뒤져서 불과 몇 년 전 사진을 찾아 봐. 그런 옷이 세련돼 보여? 에이, 설마. 아닐 거야. 그러니까 네 모습이 호피 무늬 유아복을 입은 몸집만 커다란 돌쟁이 같아 보인다 싶으면 네 눈을 믿고 다른 옷을 골라. 패션의 주인은 자신에게 가장 잘 어울리는 옷을 입어. 최신 유행이 뭐든 상관없이 말이야.

3. **창의적으로 생각해**. 패션은 예술이야. 멋져 보이려고 수십 억을 쓸 필요는 없어. 저렴하더라도 마음에 쏙 드는 옷을 입고 독창적으로 마무리해 보는 거야. 스카프, 벨트, 목걸이, 배지 등을 사용하면 일이만 원짜리 외출복을 너만을 위한 맞춤옷으로 둔갑시킬 수 있어.

옷장 속 금기 사항

1. **무지개 색을 한꺼번에 다 입지는 마.** 진짜야. 베이지색으로 쫙 빼입는 것도 마찬가지야. 네 옷이 군인의 위장막 역할을 하길 바라지는 않잖아. 다시 한 번 말하지만, 사람들이 너를 꼬마들 생일 파티에서 풍선 강아지랑 칼을 만들어 주는 어릿광대로 오해하는 건 싫을 거야.22 중간색, 그러니까 검정, 회색, 남색, 카키색, 갈색, 흰색은 다른 색을 맞춰 입기에 좋은 기본 색상들이야. 보태는 색은 세 가지를 넘지 않도록 해야 해. 그런 식으로 입으면 아무도 너에게 풍선 강아지를 만들어 달라고 하지 않을 거야.

2. **노골적으로 다른 사람을 따라 하지 마.** 그런 행동은 그 사람들을 짜증나게 해. 네가 따라 한다는 사실을 몰라서 짜증을 못 낸다 해도, 그건 예의가 아니야. 음악 프로그램에서 현아가 입었던 옷을 학교에 그대로 입고 간들 별 의미가 없어. 그저 현아에게 찬사를 바치는 행동처럼 보일 뿐이야. **자연스러운 모습**이 언제나 가장 멋져 보여.

3. **흰색 상의 아래에 검은색 브래지어는 입지 마.** 별로야.

4. **시스루거나 몸에 딱 달라붙는 상의에 브래지어를 하지 않는 스타일은 피해.** 왜 그렇게 입고 싶은 거지?

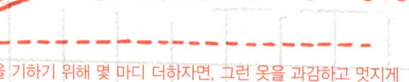
22 그렇게 입지 않으면 오해받을 일도 없어. 그래도 공정을 기하기 위해 몇 마디 더하자면, 그런 옷을 과감하고 멋지게 소화해 내는 사람들도 있어. 그냥 사람들이 널 '미쳤다'고 생각할지도 모르니까 준비해 둘 필요도 있다는 거야.

5. 주머니가 옷 밖으로 길게 늘어진 옷은 입지 마.
핫팬츠 아래로 속주머니가 길게 늘어져 나온다면 네가 입은 핫팬츠가 너무 짧은 건 아닌지 생각해 봐야 해. 마찬가지로 네 체모가 옷보다 길어서 밖으로 삐져나온다면 바지를 깜빡하고 입지 않은 것처럼 보일 거야.

아마도 내가 늘어놓은 금기 사항들이 꼰대가 늘어놓는 까칠한 잔소리처럼 들릴지도 몰라. 규칙 따위는 전부 잊어버리고 입고 싶은 대로 입어야 한다고 생각할지도 모르고. 뭐, 맞아. 하지만 무슨 일을 하든지 이걸 항상 기억하는 것이 좋아. 그건 바로……

기호학

이건 **기호를 연구하고 해석한다**는 뜻을 거창하게 표현해 놓은 단어야. 머리가 무척 좋은 어떤 사람들은 모든 것이 기호 체계로 이루어졌기 때문에 모든 것을 책처럼 읽어 낼 수 있다고 생각해. 물론, 그 말 속엔 진리가 담겨 있어. 만약에 성인 남자가 삼각팬티에 슬리퍼만 신은 채로 거리를 돌아다니는 모습을 본다면 나는 그 모습을 읽어 내고 이렇게 생각할 테니까. **어이쿠! 고추 다 보이네!**

너라면 어떤 생각이 들겠니?

의도적이든 아니든, 우리가 입은 옷은 메시지를 전달해. 그 의미를 정확히 읽어 낼 수 있다는 주장은 꽤 그럴듯한 셈이야. 우리가 최신 유행을 선뜻 인정하고 받아들인다는 사실만 봐도 분명하지.

위풍당당하게 걷자

신발에 대해 언급하지 않고 이번 장을 마칠 수는 없지. 우리 여자들은 신발을 **정말 좋아해**. 게다가 남자들과 비교하면 선택의 폭도 **엄청나게** 넓지. 플랫 슈즈, 운동화, 펌프스, 크리퍼스, 키튼 힐, 웨지 힐, 플립플롭, 샌들, 슬링백, 로퍼, 기타 등등 발에 신는 여러 가지. 너도 나랑 비슷하겠지만, 넌 부츠나 운동화를 더 자주 신겠지. 어찌 됐든 우리가 발에 신는 것은 대단히 중요해. 만에 하나라도 잘못된 신발을 골랐을 때는 돌쟁이처럼 뒤뚱뒤뚱 돌아다녀야 하니까. 두 살짜리라면 무척 귀여워 보이겠지만 십 대엔 그다지 이상적인 모습이 아니잖아.

핵심은 바로 이거야.

네가 원한다면 무엇이든 신어, 그걸 신고 편안하게 걸을 수만 있다면 말이야.

하이힐도 마찬가지야. 고백하자면 나는 이 방면에 전문가가 아니야. 키가 154센티미터에서 더 자라지 않았지만 평생 하이힐을 신어 본 적이 없거든. 그래서 친구 도나랑 이야기를 나눴어. 도나는 세상에서 가장 높은 구두를 신지. 그 친구가 이런 말을 해 주더라고.

화장, 의상, 첫인상

> 하이힐을 신는 건 대나무 장대에 올라서서 걷는 것과 비슷해. 굽 높이는 한 단계 한 단계씩 높여 가야 해. 나지막한 구두에서 시작해서 새로운 구두를 살 때마다 조금씩 굽이 높은 걸 고르는 거지. 그러지 않으면 얼음 위의 밤비 같은 모습으로 허둥거리다 끝나는 수가 있어.

현명한 조언이지. 도나는 이런 말도 해 줬어.

> 더 높은 구두를 살수록 더 좁은 공간으로 발가락을 욱여넣어야 해. 이렇게 하면 발엔 상처와 물집이 생겨. 또 발 모양이 변하기도 해.

자, 어때. 몇 센티미터의 높이 vs 발 모양이 변할 가능성.

신중하게 골라야 해.

 소녀가 된다는 것

몸무게에 관한 엄청난 논쟁

잡지와 신문도 항상 사람의 몸에 대한 메시지를 전달해. (1장에서 얘기했던 무언의 압력 기억하지? 부담감을 주는 메시지 말이야.) 거기 실린 여성 의류를 볼 때면 언제나 옷을 입은 모델은 극도로 마르고 키도 엄청 큰 데다 지구 위의 일반 여성들과는 99.9% 다른 사람들이지. 무척 짜증나는 부분이야. 또 말도 안 되는 데다 잠재적인 위험까지 떠안고 있지. 왜냐하면 소녀와 여성들이 멋져 보이려면 유난스럽게 말라야만 한다는 생각을 강조하고 있기 때문이야.

그런 모습에 현혹되어서는 안 돼.

멋져 보이기 위해서는 건강해야 하고 각자 나이와 키에 걸맞은 몸무게를 유지해야 해. 그건 체질량지수[23]와 관련 있어. 체질량지수가 높거나 낮으면, 온갖 종류의 질병으로 자신을 몰아가는 상황이라고 보면 돼.

엄청 높은 지능이 필요한 일도 아니야.

균형 잡힌 식생활 + 운동 = 건강한 신체

그리고 네가 잡지에서 본 모델 중 일부의 상태는 건강과 거리가 멀어. 그 사람들은 거의 아무것도 먹지 않다시피 해서 그 정도로 비쩍 마른 몸을 갖게 된 거야.

그건 옳지 않아.

나이가 들어감에 따라, 네 몸의 곡선이 점점 살아날 거야. 그 모습을 자랑스럽게 여겨.

---

[23] 흔히 BMI^{Body Mass Index}라고도 불러. 이게 뭔지 모르겠다면 국민건강보험공단에서 운영하는 건강in 웹 사이트 http://hi.nhis.or.kr/cd/ggpcd001/ggpcd001_m01.do를 방문해 봐. 그곳의 체질량지수 계산기를 사용해서 네 몸무게가 건강한 수준인지 측정해 볼 수도 있어.

화장, 의상, 첫인상

온라인에서 좋은 모습 유지하기

그럼, 이제 넌 깔끔해. 냄새도 안 나. 얼굴엔 미소를 띠었지. 어릿광대처럼 요란하게 입지도 않고 균형을 못 잡고 비틀비틀 걷지도 않아. 야호! 잘못될 건 하나도 없어. 찬란한 첫인상은 따 놓은 당상이지.

아······
이것만 빼면······

네가 인터넷에 올린 그 낯부끄러운 사진만 빼고 말이야. 베이지색 바지랑 왕 뽕 브라만 걸치고 얼짱 각도로 찍은 그 사진 있잖아. 레이디 가가 스타일로 찍은 거.

934명의 온라인 '친구들' 모두가 그 사진을 언제든 마음 내키는 대로 볼 수 있어. 게다가 누구 한 명이라도 그 사진을 '공유'하거나 '좋아요'를 누르거나 '댓글'을 달면 그 사람들의 친구들까지도 네가 레이디 가가를 흉내 낸 순간을 씹고 뜯고 맛보고 즐기게 돼.

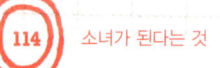

현실 세계에서 너의 이미지를 조화롭게 유지하는 건 무척 중요해. 디지털 세계에서도 마찬가지로 일관성 있는 모습을 지켜 나가야 해. 내가 한 가지 정보를 알려 줄게.

넌 소셜 네트워크 사이트를 개인적인 공간이라고 생각하겠지만 절대 그렇지 않아.

네가 영혼을 담아 쓴 글과 찍어 올리는 사진은 모두 사이버 공간 어딘가에 영원히 사라지지 않는 디지털 발자국을 남겨. 사진과 글을 몽땅 지우고 계정을 없앤다 해도 말이야.

온라인에서 안전을 보장받기 위한 유일하고도 **현실적인 방법**은 생각보다 간단해. **세세한 사생활 정보는 올리지 않는 거야.** 이를테면 주소나 전화번호나 생일 같은 것 말이야. 그리고 지구에 존재하는 그 어떤 생명체와도 공유하기 불편한 사진은 올리지 마. 페이스북과 인스타그램은 셀카로 넘쳐.

화장, 의상, 첫인상

대부분이 손톱을 찍은 사진일 경우가 많은 데 반해, 아무것도 걸치지 않은 여자를 포함해서 신체를 찍어 올린 사진도 꽤 많아. 이건 무척 심각한 문제라 그걸 설명하려면 또 검은색 상자가 필요한데……

> 자신의 벗은 몸을 찍어서 인터넷에 올릴 생각은 꿈에도 하지 마. 그런 사진을 잘 나가는 남자아이의 핸드폰에 전송하는 일도 마찬가지야. **네 나이가 만 19세 미만이라면, 그 사진을 '아동·청소년 이용 음란물'이라고 불러.** 그런 사진을 찍거나 소유하는 것은 **불법**이야. 사진 속의 '아동·청소년'이 너라고 해도! 또 그 사진을 받은 잘 나가는 남학생도 역시 법을 어긴 거야. 휴대전화에 아동·청소년(너)의 외설적인 사진을 갖고 있었기 때문이지. 아, 게다가 그거 아니? 네 나이가 만 19세 미만이라면 속옷만 입고 레이디 가가를 흉내 낸 사진도 마찬가지로 불법이야. 왜냐하면, 너도 들었다시피, 그것도 '아동·청소년을 이용한 성적자극물'에 해당하니까.

이런 셀카들이 지금은 재미있고 멋있어 보일지 몰라도 **10년 뒤 네가 국무총리가 되려고 할 때는 전혀 재미있지도 멋져 보이지도 않을 거야.**

이번 장은 꽤 복잡했어, 안 그래? 계속해서 다음 장으로 넘어가기 전에 조금 단순하지만 꼭 생각해 볼 만한 문제 두 가지를 남겨 둘게.

생각해 볼 문제 #1

패션은 일시적이야.

맞아. 당연한 말이야. 유행은 시작되자마자 순식간에 사라져 버려. 그러니까 네 외모에 영구적인 변화를 주기 전에는 신중하게 생각해 봐야 해. 문신은 잠깐 했다 없앨 수 있는 것이 아니야. 문신을 지우려면 값비싸고 엄청 고통스러운 성형 수술이나 레이저 시술을 받아야 해. 귓불 확장도 마찬가지야. 귓불에 뚫은 구멍의 크기를 늘리면 지금은 세련돼 보일지도 몰라. 하지만 벙어리장갑에 실을 꿰어 목에 걸던 방법도 한때는 그랬어.

생각해 볼 문제 #2

멋진 외모는 정신적인 상태야.

그래. 기분 탓이 커. 썩 괜찮은 기분일 때는 겉으로 보기에도 괜찮을 가능성이 커. 가수이자 래퍼이자 영원히 변치 않을 최고의 아티스트인 네네 체리도 자신의 노래 〈버팔로 스탠스〉라는 곡에서 그런 상황을 노래했지. 당장 가서 들어 봐. 들어 보면 이거야말로 암사자의 포효구나 싶을 거야.

6장
꼭 필요해, 털

소녀가 된다는 것

머리카락은 우리 여자들에게 엄청나게 중요해. 그건 더없는 영광이지. 모두가 잘 아는 사실이야. 그래서 항상 그렇게 빗질을 하고, 감고, 자르고, 죽죽 펴고, 말리고, 정성껏 매만지는 거잖아. 가끔은 머리카락 때문에 우리의 일상생활이 매끄럽게 흘러가지 못할 때도 있어. 이런 대화 나눠 본 적 있지?

> 내 차 타고 같이 갈 거면 빨리해. 지금 시간이 넘쳐나서 널 기다려 주는 거 아니야.

> 빨리 할 수가 없다고요. 지금 머리하는 중이잖아요.

> 그럼 걸어가든지!

> 알았어요. 그러죠, 뭐.

> 돌아 버리겠네. 완전 지각해서 또 벌을 받게 생겼어.

꼭 필요해, 털

남자아이들이 머리**하는 중**이라고 말하는 건 못 들어 봤지? 그랬을 거야. 기껏해야 '다듬어야겠다.'라고 중얼거리는 소리나 들어 봤겠지.

머리를 한다는 건 보통 여성들의 일이지. 게다가 시간이랑 돈도 엄청 많이 들고 문제도 잦아. 어떤 여자들은 이런 희생을 전혀 희생으로 생각하지 않아. 왜냐하면, 머리를 하는 건 달콤한 행복이자 즐거움이니까. 그런데 또 다른 여자들에게는 야단법석도 그런 법석이 없지. 머리를 하는 일에서 '손을 떼는' 것조차 쉽지 않아. 이런 생각이 들더라도……

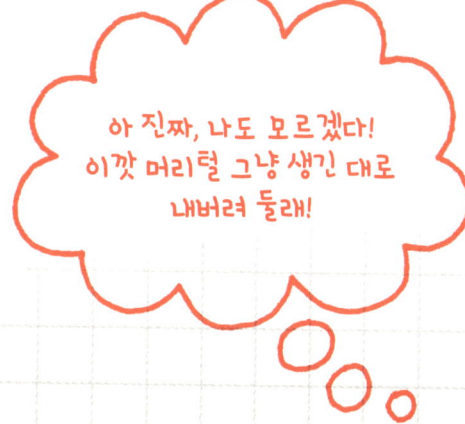

아 진짜, 나도 모르겠다! 이깟 머리털 그냥 생긴 대로 내버려 둘래!

 소녀가 된다는 것

그러고도 **여전히** 불안해하면서 머리카락에 신경을 쓸 거야. 언제 어디서 어떤 사람들이 네가 머리에 더 **신경을 썼어야 했다**는 생각을 하게 만들지 모르니까.

맞아. 걱정스럽게도 **우린 머리카락 때문에 스트레스를 받고 있어.**

하지만 이 모든 것엔 보이지 않는 또 다른 면이 있어. 반질반질한 머리통을 드러내는 남성들이 많은 것과는 다르게 우린 꽤 오랫동안 머리카락을 지니고 살아야 하니까……

물론 우리 머리에 **나** 있는 채로 말이야. 그런데 만약에 이런 털이 머리가 아닌 다른 곳에 나기라도 한다면 그건 **완전히 다른 문제**가 돼.

우리가 처음에 나눴던 무언의 압력 기억하지? 1장으로 돌아가 볼까?

그러니까 그 무언의 압력은 벌써 너에게 아주 분명하게 지시를 내렸어.

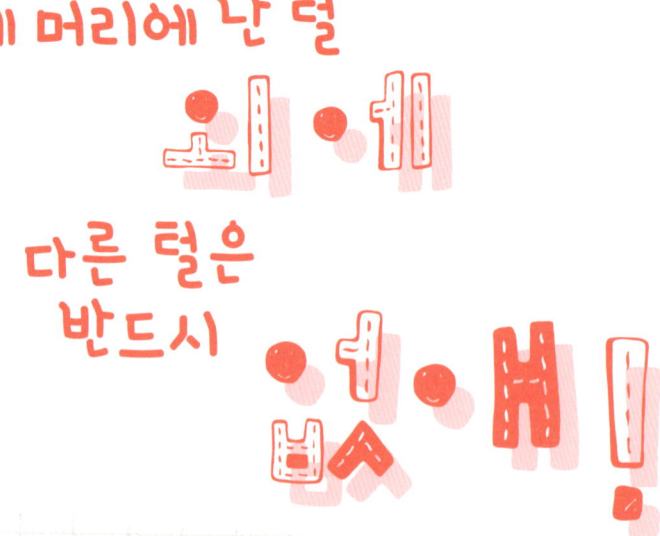

이 말은 우리 대다수가 살아가는 내내 털을 없애려고 열을 올릴 거라는 뜻이야. 내가 경험해 봐서 아는데, 이것 역시 한바탕 야단법석을 떨어야 하는 일이야.

그런데 별로 도움이 되는 이야기는 아닌 것 같구나. 미안.

그걸 야단법석으로 생각하지 마. 네 몸에 난 털에 관해 너 **스스로** 내린 결정이라고 생각해. 면도로 밀거나 왁스로 뜯어내거나 족집게로 뽑아내거나 가위로 다듬거나 제모 크림을 듬뿍 바르거나 **하고 싶지 않다면, 하지 않아도 돼.** 이 이야기는 나중에 하도록 하자. 먼저 꺼낼 이야기는 네가 걱정하고 있을 법한 부분인데…….

머리카락

아마 별걱정 없을 거야. 네 머리카락은 부드럽고 반짝반짝 빛나고 아름답고 멋질 테니까. 설마, 심지어 **윤기가 좔좔 흐르기까지** 한다고?

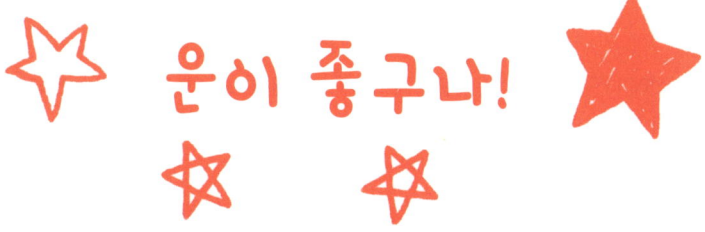

그렇다면 이 부분은 읽지 않고 건너뛰어도 되겠어.

그런데 머리카락이 가끔 네 머릿속을 어지럽힌다면, **계속 읽어 나가.** 네 마음에 들 만한 소식이 있거든.

 소녀가 된다는 것

자기 머리카락을 좋아하는 사람은 거의 없어.

텔레비전에 나오는 '아름다운' 사람들도 모두 포함해서 그렇다는 말이야. 그래서 그렇게나 많은 사람이 항상 머리카락을 연장하고 잘라 내고 염색하고 탈색하고 파마하고 곧게 펴는 거야. 머리카락을 향한 분노는 너 **혼자만의** 감정이 아니야. 사실 우리 대부분은 다른 사람들의 머리털을 부러움 가득한 눈으로 유심히 바라보면서 평생을 살아. 나도 그래. 난 내 친구 타라 같은 머릿결을 가졌으면 하고 바라지. 20년간을 그랬다니까. 타라의 머리카락은 색이 짙은 직모에 윤기가 좔좔 흐르거든. 내 건 머리에 난 베이지색 수염 같아. 나랑 타라의 머리카락이 서로 바뀌었다면 얼마나 좋을까.

그런데 말이야 진짜 이상한 점은 이거야.

사람들이 나더러 '머릿결이 좋고 숱도 많구나.'라고 칭찬할 때가 있거든.

별일이 다 있지. 뭔가 잘못된 것 같기도 하고. 하지만 이런 가능성도 생각해 볼 수 있어.

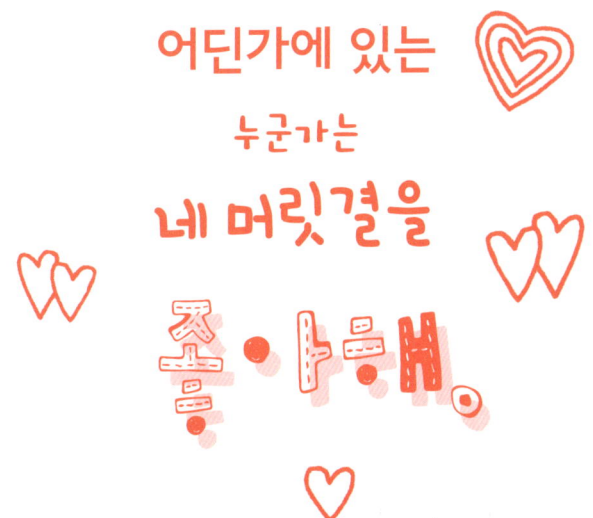

그러니까 너 자신에게 너무 모질게 굴지는 마.

 소녀가 된다는 것

자신의 머리카락이 어떤 유형인지 알고 그에 따라 적절히 다루는 것도 도움이 돼. 머리카락을 굴복시키려고 씨름하는 것보다는 훨씬 낫지. 그건 의미 없는 일이니까. 머리카락은 항상 그에 맞서 싸우면서 다시 자라날 거야. 우리의 머리카락이 어떤 유형인지는 전적으로 부모님에게 달려 있어. 둘 중 한 분의 머리카락이 매끄럽고 곧고 색이 짙고 윤이 난다면 네 머리카락도 그럴 거야. 만약 둘 중 한 분의 머리카락이 색이 옅고 가늘다면 네가 떠맡은 건 그런 머리카락이겠지. 아니면 두 가지 특징이 묘하게 섞였을 수도 있고.

다정한 손길로 어루만지면, 어떤 유형의 머리카락이라도 멋져 보여.

난 이 분야에 대해 아는 바가 없어. 이 책은 미용 설명서가 아니고 난 미용 전문가가 아니거든.

그래도 내가 관심이 있는 분야고 네 시간도 절약하게 해 주고 싶어서 구글에 '머리 손질'이라는 단어를 넣어 검색해 봤어.

그랬더니,

사-억-구-천-칠백만

개의 결과가 나오더라. 그걸 내가 몽땅 읽어 봤지.

그러고 나서 4억 9700만 개의 결과 전체를 압축해서 다음과 같은 〈헤어 맵〉[24]을 만들었어.

먼저 양해를 좀 구할게. 한쪽 면을 다 사용해야 하거든.

---

[24] 〈헤어 맵ⓒ〉의 저작권은 헤일리 롱에게 있어. 이런 건 여기서 처음 봤을 거야. 〈헤어 맵〉 말이야.

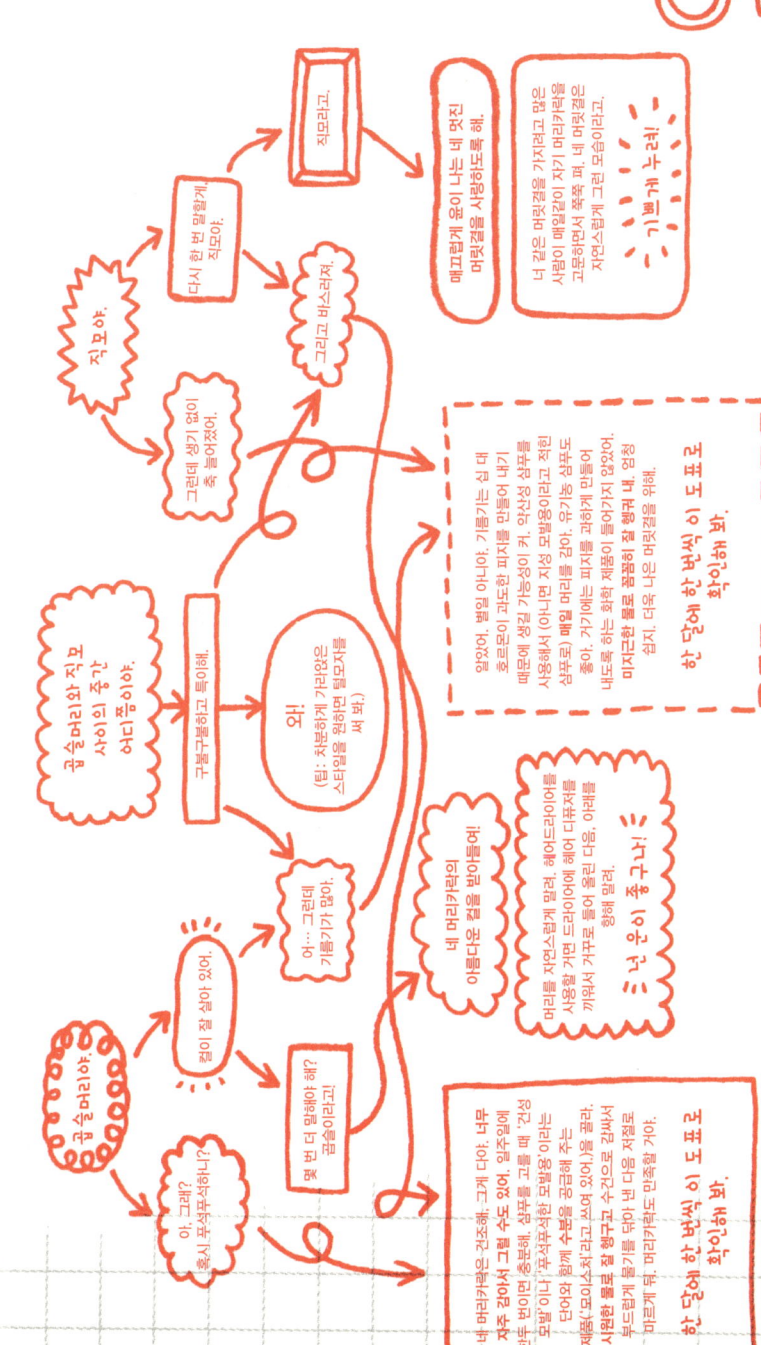

봐. 머리카락은 **죄가 없어**. 네가 가진 것에 만족하렴.

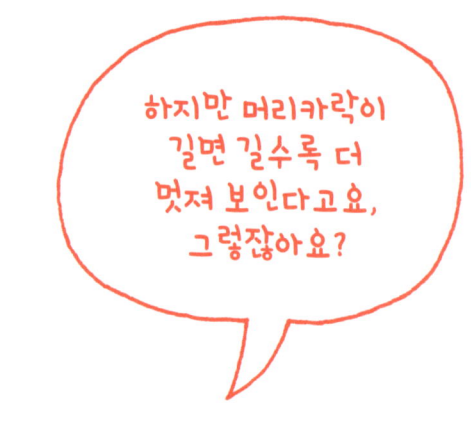

하지만 머리카락이 길면 길수록 더 멋져 보인다고요, 그렇잖아요?

맙소사, 쉿.

보기 좋게 잘 기른 머리카락은 예쁘고 무척 여성스러워 보여. 하지만 짧게 자른 머리카락도 정확히 똑같은 표현을 사용해서 칭찬할 수 있어.

인생은 동화가 아니야. 우리가 돌로 만든 탑에 살면서 잘생긴 왕자가 내가 땋아 내린 머리카락을 타고 올라와 구해 주길 기다리고 있는 것도 아니잖아. 머리카락을 자르건 어떤 스타일로 바꾸건 만족스러울 거야. 결국, 그 머리카락과 함께 살 사람은 너야. 다른 누구도 아니라고. 어쨌든 모두가 다 길게 자라는 머리카락을 가진 것도 아니야.

어떤 머리카락은 바깥쪽으로 자라, 알베르트 아인슈타인처럼.

네 머리카락이 이렇다면 뻗친 듯 짧게 자르는 '픽시컷'이 아주 잘 어울릴 거야.

어떤 스타일을 선택하든 **정기적으로 다듬는 것**도 좋아. 머리카락 끝이 갈라지지도 않고 머릿결이 더욱 매력적이고 건강해 보이는 효과가 있거든.

 **그래도 조심하라는 의미에서 한마디 하자면……**

마치 두 가지 머리 모양을 한데 섞어 놓은 것처럼 보이는 '유행하는' 스타일을 조심해. 이런 스타일이 촌스러워지는 건 소름 끼칠 정도로 순식간이야. 그래, 뭐, 네 머리카락은 빨리 자라니까. 하지만 너희 엄마는 흑역사로 기억될 네 졸업 앨범을 **영원히** 보관해 두겠지.

그렇기는 해도, 심각한 트라우마로 남아 영원히 괴롭히는 머리 모양 따위는 없어. 이런 식으로 생각하면 좀 나아.

충격과 공포를 주는 머리 모양과 마음에 쏙 드는 머리 모양 사이에는 단지 3주의 시차만이 있을 뿐이야.

기껏해야 말이지.

왜냐하면, 그때쯤이면 네 머리카락이 조금은 자랐을 테고 넌 거기 적응했을 테니까.

트라우마여 안녕.

자, 괴로워할 필요 없어. 머리카락은 저마다의 매력이 있어. 우린 머리카락을 있는 그대로 좋아하게 될 거야. 그러니까 타고난 역할을 하도록 놔두자고.

꿈을 품어 봐…

마치 그런 일이 실제로 일어날 것처럼!

자, 이제 현실로 돌아와서 조금 살펴볼 것들이 있는데…

스트레이트너

머리카락에 열을 가해서 곧게 펴 주는 이 물건은 (흔히 '매직기'라고들 불러.) 네 머리카락에 별로 좋지 않아. 심지어 머리칼이 손상되기도 해. 구글 검색으로 얻은 4억 9700만 개의 결과를 읽고 내가 내린 결론이야.

게다가, 내 담당 헤어디자이너는 '스' 자만 꺼내도 인상을 구기면서 썩은 표정을 지어. 또, 스트레이트너는 중독이 아주 강하더라고. 내가 그 사실을 어떻게 알았냐 하면 그것 없이는 어찌해야 할 바를 몰라 난감했던 개인적인 경험이 있기 때문이야. 내가 만든 〈헤어 맵ⓒ〉만 뚫어져라 들여다보면서 '구불구불하고 특이한' 부분을 얼마나 여러 번 읽고 또 읽었는지 몰라. 지금도 거울에 비친 커다란 베이지빛 머리 수염이 보여.

스트레이트너는 이런 인상을 떨쳐 버리는 데 도움이 돼.

너에게도 뜨거운 쇳덩이에 의존하는 건강하지 못한 습관이 있다면 다음 상자 안의 정보가 꽤 쓸 만할 거야.

꼭 필요해, 털

머리나 다른 어딘가에 구멍을 내지 않고 스트레이트너를 잘 사용하는 방법

1. 스트레이트너를 살 때 '세라믹 플레이트'라는 단어가 포장 상자 겉면에 적혀 있는지 잘 찾아보도록 해. 이 부분이 중요해. 그 단어가 있으면 스트레이트너가 좀 더 비싸다는 뜻이야. 하지만 좋은 점을 꼽자면 네 머리카락에서 연기가 피어오르면서 다 타 버릴 일이 적어진다는 뜻이기도 해.

2. 그걸 머리카락을 쭉 펴 주는 기계라고 생각하지는 마. **대량 살상 무기**라고 생각해. 그래야 좀 더 조심스럽게 만질 테고 네 귀를 피해 신중히 다루게 돼.

3. 머리카락에 열을 가하기 전엔 꼭 열 방지 스프레이를 뿌리거나 에센스를 바르도록 해.

4. 머리카락을 위로 잡아당길 때는 아주 빠른 속도로 해야 해. 그래야 a) 머리카락에 풍성한 부피감을 더해서 빳빳한 종이 두 장을 머리에 얹은 것 같이 보이지 않고 b) 돼지 껍질 튀김 같은 질감도 사라져.

5. 만약 머리카락에서 연기나 탄 냄새가 나면 그 빌어먹을 물건의 스위치를 즉시 꺼 버려.

6. 사용하고 나서는 반드시 전원을 꺼야 해.

7. 플러그를 뽑는 것도 잊지 마. 안전을 위해서 꼭 그래야 해.

8. 달구어진 스트레이트너를 카펫이나 나무 바닥이나 강화 마룻바닥이나 서랍장이나 침대나 고양이 위에 놔둬선 안 돼. 온도가 섭씨 220도까지 올라가는 물건이라고. 보기 싫게 탄 자국을 남길 정도로 뜨거워.

사실 최고의 조언은 바로 이거야.

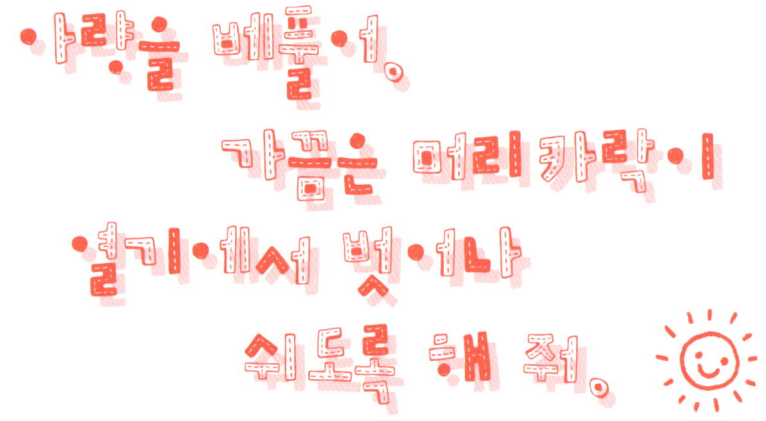

배려를 베풀어. 까끔은 머리카락이 열기에서 벗어나 쉬도록 해 줘.

참, 지금 읽은 모든 내용은 '고데기'라고 부르는 기계를 사용할 때도 똑같이 적용돼.

지금 내 마음속에 언뜻 스치는 생각은…

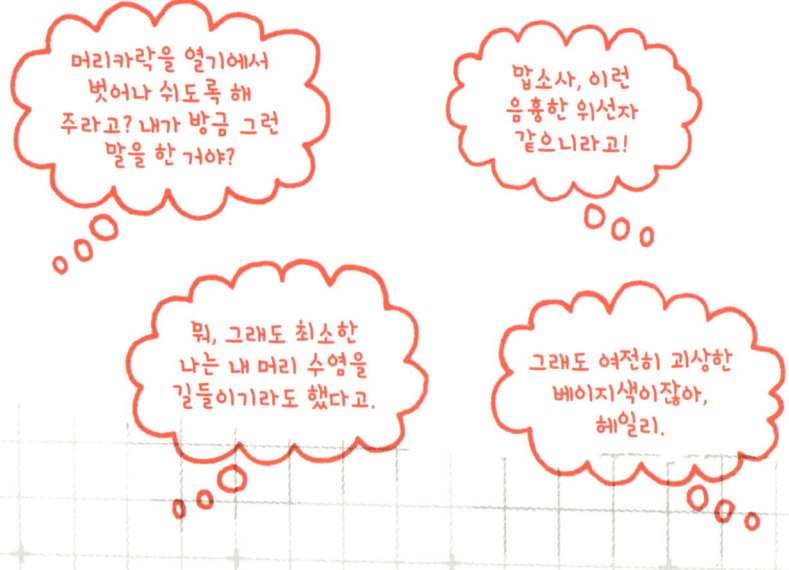

머리카락을 열기에서 벗어나 쉬도록 해 주라고? 내가 방금 그런 말을 한 거야?

맙소사, 이런 음흉한 위선자 같으니라고!

뭐, 그래도 최소한 나는 내 머리 수염을 길들이기라도 했다고.

그래도 여전히 괴상한 베이지색이잖아, 헤일리.

이제 이 이야기를 할 때가 된 것 같아……

염색

변화를 원하니? 단조로운 머리카락이 지겹다는 생각을 하고 있니? 겁내지 마.

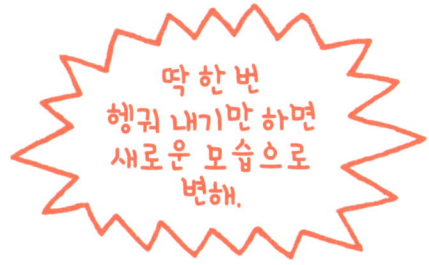

딱 한 번 헹궈 내기만 하면 새로운 모습으로 변해.

머리카락 색을 바꾸는 건 쉬워. 헤어숍에 가서 전문가의 손길에 맡기면 무척 편하지. 누군가가 너 대신 염색을 해 주니까. 하지만 돈이 들어. 숍에서 염색을 하고 싶으면 아르바이트를 하거나 부모님을 졸라야 할 거야.

다른 방법도 있어. 직접 하는 거야. DIY라고도 불러. 돈도 훨씬 덜 들고 재미도 있어. 인공 염색약에 대한 약간의 기본 지식만 잘 알아 두면 힘들이지 않고 거뜬하게 해낼 수 있어.

〈표 3〉을 잘 읽어 봐.

표 3. 인공 염색약이 나에게 잘 맞을까?

	일시적	반영구적	영구적
어떤 단어를 유의해야 할까요?	틴트, 물로 씻어 내는, 물에 지워지는, 재미로 해 보는	샴푸 12회까지 지속되는	물에 지워지지 않는, 오래가는 색
간단히 말해 어떤 식으로 작용하는지 좀 알려 주세요, 네?	샴푸, 젤, 거품 형태로 사용해서 색을 내고 말 그대로 머리카락에 얇은 색을 입혀.	이런 염색약은 아주 작은 분자가 머리카락 한 올 한 올에 스며들도록 만들어졌어. 그래서 6번에서 12번 정도 씻어 내면 색이 다시 빠져나오는 거야.	암모니아(표백제)가 머리카락의 색을 없애. 그런 다음 새로운 색을 더하는 거야.
얼마나 오래 갈까요?	머리를 감을 때까지. 하지만 강한 색을 사용했다면 몇 번 더 감아야 색이 완전히 빠질 거야.	6번에서 12번 정도 감아야 해. 겉 포장에 적힌 그대로지.	네 머리카락이 길게 자라서 염색한 부분을 잘라 낼 때까지. 아니면 네 머리를 박박 밀 때까지.
장점	값이 싸고 효과가 좋지. 사용하기에 편리하고 위험한 요소가 전혀 없어. 마음에 들지 않는다면 색이 다 빠질 때까지 머리를 감으면 되니까.	일시적인 염색약보다는 오래가. 하지만 색이 마음에 들지 않는다고 머리를 밀어야 할 정도까지는 아니야.	음, 네 머리색을 확실하게 바꿨다는 거.
단점	오래 가지 않아. 하지만 그게 장점이기도 해. 꽤 괜찮은 선택인 셈이지.	그래, 영구적인 염색약처럼 강한 화학 약품을 사용하지는 않았지만 꽤 많이 들어갔지.	영원히 갈 것만 같던 윤기 흐르는 색조가 탁한 오렌지 빛으로 바랠거야. 머릿결을 부드럽게 해 주는 컨디셔너를 기억해 둬. 그게 필요할 거야. 아, 또 있어. 잠시 원자로 같은 냄새가 날 거야.

염색을 제대로 하도록 도와줄 일반적인 조언 몇 가지가 더 있어.

☆ **항상** 설명서를 꼼꼼히 잘 읽어야 해. 그리고 지시 사항에 **복종**해야 해.

☆ 설명서에 적힌 '산화 시간'을 꼭 지켜야 해. 만약 정해진 시간을 넘기면 **무슨 색으로 염색하려고 했든** 결국 **검은 머리**로 끝나고 말아. 머리카락 색을 밝게 하려는 게 아니라면 그렇다는 얘기야. 잘못하면 머리카락이 후줄근하고 투명한 끈처럼 변해 버리는 수가 있어.

☆ 이마와 귀와 목 위로 흐른 염색약은 곧바로 꼼꼼히 씻어 내야 해. 그렇게 하지 않으면 피부에 매력적인 줄무늬가 남게 돼. 게다가 그건 좀처럼 색이 바래지도 않을 거야.

☆ 피부가 물들지 않도록 해. 촌스러워 보이거든. 보습 크림이나 바셀린을 이마와 머리카락 경계 부분과 귀에 발라서 얼룩이 지지 않도록 피부 장벽을 만들어. 두피를 보호하는 것은 더 어려워. 사실 그 부분은 운에 맡겨야 하지만 염색하기 전 한동안은 머리를 감지 않는 것도 좋아. 피부에서 분비되는 자연적인 기름기는 보기 싫은 얼룩으로부터 두피를 보호해 주는 최고의 방어막이거든. 두피까지 물들었다면 가르마를 지그재그 모양으로 타거나 며칠 동안 모자를 쓰도록 해.

☆ **너희 엄마가 가장 아끼는 수건은 사용하지 마**. 낡고 후줄근한 수건을 사용해.

☆ 부모님을 애먹이지 않으려면 염색이 끝난 뒤 **욕실을 깨끗이 청소해야 해**. 그런 다음 30분 정도 지나서 **다시 한 번 청소해**. 가끔 시간이 흐른 뒤에 얼룩이 나타나는 경우가 있거든.

☆ 투톤 염색? 부분 염색? 하이라이트 염색? 로우라이트 염색? 휴우! 행운이 있길 바랄게. 그 정도로 복잡한 수준이라면 전문가들에게 맡기는 편이 안전할 거야.

☆ 일시적인 염색을 한 다음 그 모습을 밖에 나가 자랑하고 싶다면 비가 올 경우를 대비해서 **꼭 우산을 챙겨**.

머릿속에 전부 다 집어넣었지?

좋았어.

이제 네 생각 주머니에 이걸 담아.

알레르기 테스트

머리를 염색하기 전엔 항상 알레르기 테스트를 해야 해. **이건 무척 중요해.**

소수의 사람이 염색 때문에 심각한 부작용을 겪어. 네가 그런 사람인지 아닌지 안전하게 알아보기 위해서, 먼저 면봉에 염색약을 조금 묻혀. (네가 사용하려는 염색약이 두 가지 약품을 섞어야 하는 제품이라면 '염모제(1제)'라고 적힌 병이나 튜브에서 덜어 내야 해.) 팔꿈치 안쪽에 면봉에 묻힌 염색약을 동전 크기 정도로 문질러 발라. 일회용 반창고를 붙이고 48시간 동안 그대로 놔둬. 아무런 반응이 없다면 염색을 해도 괜찮아. 만약 팔꿈치 안쪽 피부가 아주 조금이라도 아프면 염색약을 바로 씻어 내고 절대 염색을 해서는 안 돼. 아무런 반응이 없다면 그럴 땐 머리카락 염색을 해도 안전하다는 뜻이야.

머리를 염색할 때마다 **매번** 이런 테스트를 꼭 해야 해. 똑같은 상표의 염색약을 사용한다고 해도 그래야 해. _언제든지 네 몸이 갑자기 그리고 예상치 못하게 알레르기 반응을 나타낼 가능성이 있기 때문이야._

또 가렵거나 붉게 변하거나 따끔거리거나 속이 울렁거리거나, 음식이나 침을 삼키는 일이나 숨 쉬는 것이 불편하다면 다시는 염색을 해서는 안 돼. 절대로. 진짜야. 내가 말했듯이 염색약에 대한 알레르기 반응은 아주 드물어. 하지만 옛말에 이런 말이 있지.

중환자실에 입원하는 것보다
미리 조심하는 편이 낫다.

헤나는 어떠냐고?

머리카락에 화학 물질을 쏟아붓고 싶지 않다면 대안이 있어. **헤나**라고 부르는 천연 물질을 사용해서 머리를 염색해 보는 건 어때? 헤나는 식물에서 추출한 성분이야. 단, 조건이 있어. 붉은빛이 도는 머리카락을 좋아해야 해. 헤나는 붉은색, 구릿빛, 적색, 적갈색이 다야. 그 외의 다른 색으로 바꿔 준다는 헤나 제품은 화학 물질이 든 복합 헤나야. 중요한 부분을 포기한 셈이지, 안 그래?

자연 성분으로 이루어진 이 제품이 마음에 든다면, 엄마나 널 도와줄 다른 누군가가 있어야 해. 헤나는 다루기가 좀 복잡하거든. 까다롭고 냄새도 별로고 머리에 바르고 있는 시간이 최대 6시간이나 돼. 하지만 놓치지 말아야 할 가장 중요한 부분은 이거야.

만약에 화학제품으로 염색한 경험이 있다면 무척 조심해야 해. 머리카락이 얼룩덜룩한 색으로 변하거나, 때에 따라 다른 결과를 얻을 수 있거든. 네 머리카락에 남아 있던 화학 약품이 헤나와 반응하기 때문이야. 그러면 머리카락이 칙칙하고 어두운 초록색으로 변해 버릴지도 몰라.

헤나 염색을 한 뒤 화학제품을 사용할 때에도 무척 조심해야 해. 이때도 색이 이상하게 나오는 수가 있어.

얼룩덜룩하고 어두운 초록색으로.

음…… 엄청 '멋스러운' 느낌이긴 하겠다.

이 모든 사실을 알고 난 뒤, 넌 생각하겠지……

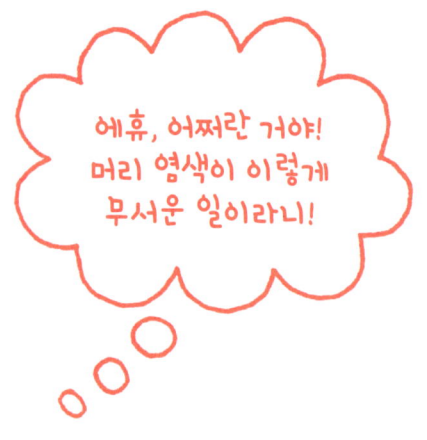

자, 맘 편히 가져. 염색은 괜찮아. 정말이야. 미국 여성 75%가 염색을 한다는 사실 아니? 다들 잘 살아가고 있잖아. 인생의 다른 일들처럼 **한번 해 볼 만한 일**이지. 게다가 **잘만 되면** 네 새로운 머리색을 보려고 다들 고개를 돌리고 눈을 커다랗게 뜰 거야. 덕분에 **넌** 부러움과 경탄의 대상이 되는 거라고.

또, 일회용 봉지에 든 샴푸형 염색약도 꽤 괜찮아!

이어서 **몸의 다른 부분에 나는 털**에 관해 이야기를 하기 전에 간략하게 몇 마디만 하려고……

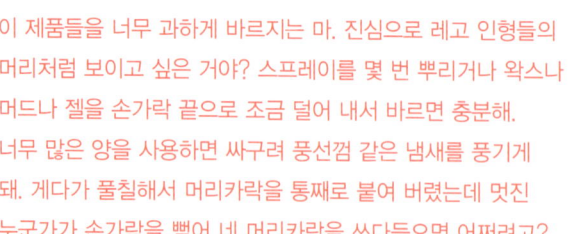

이 제품들을 너무 과하게 바르지는 마. 진심으로 레고 인형들의 머리처럼 보이고 싶은 거야? 스프레이를 몇 번 뿌리거나 왁스나 머드나 젤을 손가락 끝으로 조금 덜어 내서 바르면 충분해. 너무 많은 양을 사용하면 싸구려 풍선껌 같은 냄새를 풍기게 돼. 게다가 풀칠해서 머리카락을 통째로 붙여 버렸는데 멋진 누군가가 손가락을 뻗어 네 머리카락을 쓰다듬으면 어쩌려고?

다른 부분의 털

그건 이상해.

서구에서, 그러니까 유럽이나 북미 대륙이나 그 아래쪽 나라의 여성들은 머리카락이 엄청 길어야 한다는 무언의 압력을 받아. 라푼젤처럼. 아니면 바비처럼. 아니면 비욘세처럼. 아니면 인간이 아닌 것처럼 보이는 대다수의 왕족처럼 말이야.[25]

서구 문화는 머리를 길게 기른 여성들을 **좋아해**.

털이 많은 여성은 별로 좋아하지 않아.

착각해서는 안 돼. 머리털이 긴 것과 털이 많은 건 같지 **않아**.

맙소사, 다르다고!

털이 많다는 건 **완전히 다른** 이야기야. 사실 여자가 겨드랑이에 털을 무성하게 기르는 일은 엄청난 **해악**을 끼치고

까지 불러일으켜서 그보다 더 나쁜 범죄는 없는 것처럼 보이기도 해.

(솔직히 말해서 레이디 가가 스타일의 베이지색 속옷을 입고 찍은 사진이 퍼져 나가면서 일으킨 후폭풍으로 받은 상처를 치료하는 일이 오히려 쉬울 지경이지.)

---

25 영국 여왕은 빼고. 내가 아는 한, 여왕은 머리를 기른 적이 없어. 그분은 머리카락을 아래로 길게 늘어뜨리지 않는 사람의 전형으로 세간의 이목을 받지. 만약 머리가 길었어도 여왕님은 동그랗게 쪽을 지고 다녔을 거야. 확실해.

이건 자연의 섭리가 어디에선가 심각한 **혼란**을 일으켰다는 뜻임에 틀림이 없어.
십 대 호르몬이 분출되자마자 소녀들의 몸 **이곳저곳**에서 털이 자라기 시작할 테니까.

그렇다면 우리는 모두 비참한 털북숭이 괴물이라는 뜻이냐고?

그런 현상이 진짜 **의미하는 바**는 이거야. 사회가 우리에게 뭐라고 하든지, 털이 나는 건 정상이야.

다시 한 번 말할게. **몸에 나는 털은** 정상이야.

알겠지?

좋아. 그러니까 이제 네 몸에 난 털을 역겨운 눈으로 바라보지 마. 전혀 그렇지 않으니까. 그냥 **거기**, 네 몸에 나 있을 뿐이야. 눈꺼풀에 속눈썹이 있고 손가락과 발가락에 손톱이 있는 것과 같은 이치야.

한 가지 더 있어.

몸에 난 털을 다 밀어 버리면 생물학적으로 이로울 거라는 말도 증명된 바가 전혀 없어. 대부분의 사람에게 제모는 위생적으로도 별 의미가 없는 셈이지.

그러니까 털을 없애고 싶다면, 괜찮아, 그렇게 해. 하지만 그러고 싶지 않다면 그것 역시 괜찮아. 이게 솔직한 대답이야.

우와, 저기! 잠깐만요!
몸에 털이 무성하게 자라도록 두는 건 남성들을 싫어하는 페미니스트나 레즈비언이 하는 행동 아닌가요???

먼저, 페미니스트나 레즈비언은 모두 남자를 싫어한다고 생각하지 마. 그건 사실이 아니거든. 또 페미니스트와 레즈비언이 모두 체모에 대해 의견을 같이한다고도 생각하지 말자고. 안젤리나 졸리는 페미니스트라고 불리지. 졸리는 자신이 동성애 관계를 맺은 경험이 있다는 사실을 솔직히 공개하기도 했어. 네가 보기에 졸리가 특별히 털이 많은 것 같니?

다음으로, 몸에 난 털과 우리의 관계는 복잡해.

잠깐 두뇌 운동을 좀 할 거니까 준비해 둬…….

체모에 대한 몇 가지 이론들

페미니스트의 관점에서 보자면, 핵심은 이거야.

몸에 난 털을 남자 같고 흉하다고 생각하는 이유는 그렇게 생각하도록 조장되었기 때문이야. 나 역시 그렇게 생각하도록 길들었어. 내 털에 대해서 말이야. 사실 아가씨, 아줌마 할 것 없이 우리는 모두 **자신의 몸에 난 털을 무서워하도록 프로그램 되어 있어.**

수산 바소 교수라는 무척 똑똑한 미국의 심리학자가 있어. 바소 교수는 우리가 사는 **남성 중심의 사회**(2장에서 얘기했던 내용 기억나지?)가 미심쩍으면서도 잘못된 메시지를 의도적으로 보내서 여성이 남성보다 열등하다고 느끼게 한다고 생각했어. 바소 교수는 이런 말을 했지.

'······ 털이 없는 것을 일반적이라고 여기는 태도는 여성의 신체가 자연 그대로의 모습일 때는 매력적이지 않기 때문에 바뀌어야만 한다는 뜻을 담고 있습니다.'

그러니까 여성이 몸에 난 털을 없애는 것은 여성의 원래 몸이 남성의 원래 몸만큼 좋지 않다는 의미인 셈이지.

그러니까 남자가 여자보다 낫다는 말이고.

그러니까 **세상은 남성 중심**으로 돌아간다는 뜻이지.

하지만 이건 그저 한 가지 견해일 뿐이야.

완전히 다른 견해도 있어.

1920년대 이후, 개인적인 자유를 더 많이 누리게 된 이래로 여성들은 털을 밀고 뽑고 왁스로 떼어 내고 다듬는 쪽을 **선택**했어. 그건 여성 자신에게 권리를 부여하는 방법이기도 했지. 털이 없으면 좀 더 자신감 있고 **당당**하니까. 다리의 털을 면도하는 건 피부가 엄청 매끈매끈한 사람들의 동호회에 가입해서 이런 말이 적힌 배지를 다는 것과 같아.

괜찮은 생각이지. **세 번째** 견해는 이거야.

우리가 털을 밀고 뽑고 다듬고 왁스로 뜯어내는 이유는 그냥 그 모습이 더 보기 좋다고 생각해서야.

또 그렇게 할 수 있다는 사실이 완전 **좋으니까**.

그 행동이 **선택**으로 남아 있는 한은 말이야.

선택의 의미가 사라져 버린다면, 그러니까 제모가 **진짜 극심한 또래 압력** 때문에 어쩔 수 없이 하는 행동이고 털북숭이 원숭이라고 찍혀서 손가락질당할까 봐 두렵기 때문이라면, 여자가 여자를 괴롭히는 것과 다를 바 없잖아, 안 그래?

그냥 둬야 할까 없애야 할까?

네 몸의 털을 가지고 법석을 떨기 시작하면 영원히 그래야 할 거야.

그러니까 네가 준비돼서 마음이 내킬 때까지 법석은 떨지 마. 그리고 진심으로 하는 말인데, 먼저 엄마랑 같이 얘기해 보는 건 어때? 엄마도 한때는 너랑 같은 입장이었어. 한편으로 엄마는 네 무성한 털을 물려준 장본인이기도 해. 굳이 엄마가 겪었던 털 뽑기 재앙을 재현해야 할 이유가 뭐야? 엄마가 잠깐 기다리라고 충고해 준다면 그 말이 맞는 거야.

하지만 결국 네 몫이기는 해. 만약에 눈썹을 뽑고 겨드랑이와 다리털을 면도**하고 싶다면** 그렇게 해.

그렇게 하고 싶지 않다면 다음 장으로 넘어가도 좋아. 하지만 **먼저 아래쪽 상자 안의 정보부터 읽고.**

잔혹한 현실 깨닫기

전에도 말했지만 난 모든 것을 지켜보는 편이야. 선택에 대해서도. 그리고 '네가 내릴' 결정에 대해서도. 의심할 필요 없어. 사실이니까. 맹세해. 하지만 어떤 결정에는 다른 장애물이나 도전이 뒤따르기도 한다는 사실을 이해할 필요가 있어. 문제없는 인생은 없어. 그러면 어느 쪽의 문제를 택할 거니?

네 몸의 털과 싸울 거야 아니면 여론의 흐름과 싸울 거야?

네가 어떤 싸움을 치를지 현명하게 선택해. 겨드랑이 털을 그대로 놔둘 권리는 엄청 중요한 문제일 수도 있지만 그렇지 않을 수도 있어. 하지만 사람들이 많은 곳에서 털 뭉치를 드러내고 다닌다면 장담하건대 비판적인 사람들이 문제 삼으면서 비난을 퍼부어 댈 거야. 이런 상황에 굴복하지 않고 털북숭이로 살아갈 권리를 위해 싸우겠다면, 행운을 빌어 줄게. 그리고 너에게 경의를 표하는 바야. 이번 장은 여기서 끝내고 다음 장으로 먼저 가서 나를 기다리고 있어. 반면에 네 몸의 털을 제거할 생각이 조금이라도 있다면 이 회색 상자를 나가자마자 바로 다시 만나자.

그럼, 윗부분에서부터 시작하자.

눈썹

기본적으로, 모두가 눈썹이 한 쌍인 것을 좋아한다는 가정하에 시작하는 편이 안전하겠다. 눈썹 한 쌍 사이의 반들반들한 피부를 미간이라고 불러.

알고 있었어? 아니. 나도 10초 전까지는 몰랐어.

네 눈썹이 서로 만나서 파티를 열려고 한다면 비교적 간단한 세 가지 조치를 취해서 스스로 그 문제를 정리하면 돼.

1. **깨끗한 세수수건**을 따뜻한 물에 적셔.

2. 따뜻한 수건으로 눈썹을 덮어. 온기와 수분이 모공을 열어 줄 거야. 이 말은 미간을 침범한 귀찮은 털을 뽑을 때 고통이 덜할 거라는 뜻이야.

3. **깨끗하고 끝이 예리한 족집게**를 사용해서 미간에서 환영받지 못하는 군식구를 뽑아내.

눈썹이 두 개가 되었어.

위험 경고
미간의 진짜 위치는 <u>콧날 바로 위쪽의 작은 공간</u>이야.
너무 넓히려고 하지는 마.
이제 족집게를 내려놔야 해.

별로 어렵지 않았을 거야. 그럼 다음으로 원하는 건 뭐니?

> 저는 그냥 재빨리 깔끔하게 정리하는 방법이 좋아요. 그런데 인상이 강해 보이도록 끝을 올리고 두어 줄 민 자국도 내 보고 싶어요. 래퍼 스타일로요.

> 눈썹을 완전히 다 밀고 다시 그려, 마커 펜으로.

에이 잠깐!

'밀다'라는 단어를 '눈썹'과 함께 한 문장에서 쓰지는 말자.

한번 시작하면 까칠하게 자란 눈썹 그루터기랑 **평생** 싸우게 될 거야.

네 맘속에 무슨 생각을 품었든, 심지어 아주 조금 개조하려는 것일 뿐이라고 해도, 네가 하려는 행동이 정확히 무엇인지 알지도 못한 채로 달려들지는 마. 네 눈썹은 **엄청나게 중요해**. 네 얼굴에 있으니까. 두 눈썹의 모양이 맞지 않으면 뭔가 균형 잡히지 않은 인상을 주게 돼. 마커 펜이나 아이브로펜슬이나 빅 사이즈 액상 붓펜을 사용하면 커다랗고 시커먼 송충이가 네 눈썹 위에 붙어 있는 것처럼 보일 수도 있어. 눈썹을 너무 심하게 뽑으면 앞으로의 인생을 충격받은 표정으로 살아가야 할지도 몰라. 심지어 더 심각한 상황은……

네 눈썹이 올챙이 같은 모양이 될까 봐 걱정돼.

생각만 해도 끔찍하다.

꼭 필요해, 털

내가 해 줄 충고는 다음과 같아.

네 눈썹의 모양을 다듬거나 유행하는 스타일을 따라 하거나 어떻게든 변화를 주고 싶다면, **다른 누군가에게 맡기도록 해**. 어떻게 해야 할지 아는 사람에게 말이야. 요즘 눈썹을 다듬어 주는 가게는 어디서든 찾아볼 수 있어. 헤어숍에서도 이런 서비스를 받을 수 있지. 숙련된 미용사나 피부 관리사라면 여러 도구를 사용해서 단 몇 분 안에 네 눈썹을 다듬어 줄 거야. 돈은 조금 들겠지만 '올챙이 모양의 눈썹을 한 소녀'라고 낙인찍히는 것보다야 훨씬 낫지.

그곳에 머물다 보면 털이 난 다른 부분도 정리하고 싶다는 마음이 생길 거야. 하지만 그렇게 하면 비용이 올라가겠지. 그러니까 저금통을 깨든가 직접 하든가 선택을 해야 해……

코 아랫부분

세상이 뭐라고 하건 간에 대부분의 여성은 이곳에도 털이 조금씩 나. 다만, 털이 가늘고 색도 옅어서 본인 말고는 아무도 알아보지 못하는 경우가 많지. 만약 이런 경우라면 걱정할 게 뭐겠니? 체모가 짙은 색일 경우라면 이곳의 솜털도 좀 더 눈에 잘 띌 거야. 극적인 방법은 없어. 다음 세 가지 중에서 하나를 고른 다음에 **엄마나 언니에게 도와달라고 부탁해**.

1. **탈색하는 방법**이야. 드러그 스토어에서 얼굴 전용 탈색제를 팔아. 그럼 드러그 스토어 안 어디쯤에서 이 제품을 찾아볼 수 있을까? 화장품이랑 여성용 스킨케어 제품을 파는 코너야. **여성의 얼굴에 나는 털은 흔하고 평범하기 때문이지**. 탈색제는 사용하기 쉽고 시간도 오래 걸리지 않아. **하지만 설명서에 적힌 대로 잘 따라 해야 해**.

   인생에서 네가 무슨 일을 하건 간에, 절대 얼굴 전용이 아닌 다른 탈색제를 얼굴이나 몸에 발라서는 안 돼. **절대로**.

2. **왁스로 없애는 방법**도 있어. 얼굴 전용 왁싱 세트. 너에게 필요한 건 바로 이거야. 이 제품도 드러그 스토어의 얼굴 전용 탈색제와 가까운 곳에 놓여 있을 거야. 이건 코 아랫부분의 털이 꽤 길 때 효과가 있어. 온 왁스나 냉 왁스 중 하나를 선택하면 돼. 그리고 빠르게 확 잡아당겨. 그러다 이런 소리를 낼 수도 있어…….

다시 한 번 말하지만, 설명서를 꼼꼼히 읽어.

3. **얼굴 전용 제모 크림**도 있어. 이젠 감이 올 거야. 탈색제랑 왁스가 놓인 선반에 같이 있어. 화학 실험실에 끔찍한 사고가 벌어졌을 때와 비슷한 냄새가 나지. **하지만 쉽고 편하고 아프지도 않아**. 물론 설명서를 잘 따라야 해.

바로 그거야. 여기서 내가 **면도**라는 단어를 언급하지 않았다는 사실에 주목해. 말썽 없이 잘 있던 솜털이 양옆으로 말려 올라간 시커먼 콧수염으로 바뀌기를 바라지 않는다면, 그러지 마. 정말 면도를 하고 싶다면, 내가 알려 줄게. 계속 읽어 나가면 돼.

겨드랑이와 다리

그럼, 맞고말고. 여름과 함께 끈 달린 민소매 옷이 제철을 맞았는데도 겨드랑이의 털을 그냥 자라게 두려면 엄청 **강인한 정신력**의 소유자가 되어야 해. 다리에 털이 북슬북슬 난 채로 핫팬츠를 입는 사람도 마찬가지야. 그러니까 만에 하나 몸의 털을 고스란히 드러낸 여성을 본다면 **제발** 기겁하면서 경멸하는 표정으로 고개를 흔들고 혀를 차는 그런 사람은 되지 마. 털이 많은 그 소녀나 여성은 **전사**야. 자연스러운 모습 그대로 세상과 맞붙은 사람이라고. 존중하는 모습을 보여 줘.

나머지 우리에게는 네 가지 선택권이 있어.

1. **왁스** 앞에서 한 설명과 같아. 아플 거야. 겨드랑이는 특별히 민감한 부분이지.

2. **제모제** 냄새가 썩은 좀비처럼 고약할 거야.

3. **제모기** 한 손에 쏙 들어가는 작은 전자 기계야. 가장 싼 제품의 경우엔 만 원대에 살 수 있고, 최첨단에 기능도 다양하고 화려한 제품은 십만 원대까지 가격이 나가. 제모기의 끝엔 금속 스프링이 달려 있는데 그 부분이 진동하거나 아주 빠른 속도로 돌아가면서 원치 않는 털을 몸에서 쏙쏙 뽑아내지. 그렇게 하면 아프냐고? **아오, 물론!** 하지만 금세 적응할 거야.

4. **면도** 해 본 적이 없다 해도 걱정하지 마. 아주 쉬워. 하지만 늘 그렇듯, 조심해야 해. 다음의 여섯 단계를 잘 살펴봐.

습식 면도를 위한 여섯 단계

준비물:

깨끗한 일회용 면도기 여성용 면도기도 괜찮아. 여성용 제품이 여느 제품들과 다른 점은 단 한 가지, 색깔이야. 분홍색이거든. 보아하니 칼날의 각도도 약간씩 다른 것 같아. 보아하니 그렇다고.

따뜻한 물

비누

가장 좋은 장소는 욕조 안이지만 세면대 옆에 서서 해도 돼.

방법:

1. 비누로 쫀쫀하고 풍성한 거품을 내. 털이 난 부분을 비누 거품으로 잘 발라서 덮어.

2. 겨드랑이를 면도할 때는 팔을 머리 위로 들어 올려서 피부가 접힌 부분 없이 잘 펴지도록 해. 다리를 면도할 경우에는 물 밖으로 들어 올려.

3. 면도기를 네 피부를 따라 미끄러지듯이 부드럽게 움직여 나가. 이때 **털이 자라는 반대 방향**으로 움직여야 해.

4. 면도기를 꼼꼼히 여러 번 헹궈 내.

5. 피부를 잘 말려.

6. 다리를 면도하고 나서는 보습제나 보디로션을 발라서 각질이 일어나지 않도록 해. 겨드랑이의 경우에는 면도한 뒤 **최소 한두 시간 정도는 아무것도 바르지 않은 채 놔둬야 해**. 특히 데오도란트는 발라선 안 돼. 그걸 바르면 끔찍한 고통을 경험하게 될 거야.

<u>주의</u>: 습식 면도에 대한 설명이라는 점 눈여겨봤지? 일회용 건식 면도기로 네 몸을 문질러 대지 마. 아무리 급해도 그래서는 안 돼. 강처럼 흐르는 피를 닦아 내느라 오히려 시간만 더 잡아먹을 거야.

팔에 대해서도 몇 마디 할게. 맞아, 그곳에도 털이 나. 모두 그렇지 않아? 그런데 그쪽 털은 부드러운 데다 햇빛을 받아서 색이 바래. 제모하면 털이 더 굵고 짙게 자라는 경향이 있어.

그 부분은 그냥 놔두는 것이 가장 좋아.

내 말을 못 믿겠다고?

음, 내가 트위터에서 아주 과학적인 연구 조사를 실행해 봤어.
이런 결과가 나오더라고.

꼭 필요해, 털

> **@hayleywrites:** 짧은 설문 조사예요. 여성들에게 물을게요. 팔도 면도를 하나요? '네' 또는 '아니오'로 답해 주세요. 감사합니다.

몇 초 내로 세계 곳곳에서 이런 답이 왔어.

> **@hayleywrites:** 아니오 아니오 아니오 아니오 아니오 아니오 :)

만장일치로 판결이 났지.

좋아. 하던 이야기를 마저 하자고.

음모

……는 부끄러워할 것이 하나도 없어. 다른 것에 비해 작아 보이는 소제목에 의미를 부여하지는 말아 줘. 그러니까…… 정말 보고 싶은 것이

처럼 크게 적힌 글씨인 거야?

아닐걸.

음, 문제는 이거야. 이걸 우선시할 필요가 있을까? 혹시라도 눈치 채지 못했을까 봐 말해 주는 건데, 네 음모는 아주 은밀하고 사적인 곳에 났어. 오직 너만이 음모에 관련된 모든 것을 알고 있다고 추측해 볼 수 있지.

그렇다면 굳이 네 거시기 털을 가지고 거시기하게 굴 이유가 뭐야?

물론, 비 온 뒤의 잡초처럼 자란다면 조금 다듬어 줘야 해. 학교에서 체육복을 갈아입을 때 마치 털이 북슬북슬 난 작은 동물이 속옷에서 탈출을 시도하는 듯한 광경을 연출하고 싶은 사람은 아무도 없어. 네 음모가 삐져나온다면 상자 아래의 글을 읽고 필요한 조치를 취하도록 해.

비키니 라인 정리하는 법

준비:

작고 깨끗한 가위 손톱용 가위가 적당해. 어떤 가위를 쓰든, 한쪽에 잘 놔두고 음모 전용 가위로 사용해.

작은 손거울

정리하기 좋은 장소 젖지 않은 샤워부스 안도 괜찮아. 아니면 변기 옆에 앉거나 서도 돼. 그런 장소라면 이리저리 떨어진 털을 청소하기가 훨씬 쉬울 거야.

꼭 필요해, 털

방법:

꼭 기억해야 할 규칙은 이거야.

건조한 상태에서 다듬어, 젖은 상태에서 면도해.

쉽지. 깨끗한 가위로 건조 상태의 수풀을 다듬는 거야. 네 피부 최대한 가까이에서 잘라 내. 너무 가까이서 잘라 내다가는 네 살을 잘라 낼 위험이 있으니까 조심하고. 그러다가 응급실에 실려 가면 얼마나 창피하겠니?

아래쪽에서 자라는 털은 손거울을 사용해서 다듬으면 도움이 돼. 기본적으로 비키니 아랫도리 바깥으로 삐져나오려는 털을 잘라 내는 거니까.

샤워기로 씻어 내거나 변기 물을 내리고 사용한 가위를 닦아 내면 끝이야.

주의: 허벅지 안쪽을 따라 구불구불 자라나거나 배꼽을 향해 올라오는 짙은 색 털을 없애고 싶으면 면도를 해. **습식 면도** 순서에 따라 이리저리 불쑥불쑥 고개를 내미는 음모를 쫓아내 버려.

혹시 궁금해할지도 몰라서 하는 말인데……

사람들이 **브라질리언 제모**에 대해서 이야기하는 걸 들어봤을지도 모르겠다. 이상야릇하게 들리겠지만 그런 건 아니야. 왁스를 이용해서 음모를 거의 또는 완전히 다 제거하는 방법을 말하는 거야. 아프기로 유명하지.

대부분의 여성은 비키니 라인을 따라 제모를 해. 인터넷에서 본 바로는 그렇더라고. 일일이 물어봤다고는 말 못 하겠다.

왁싱이랑 면도랑 탈색이랑 브라질리언 제모는 전부 세부 사항일 뿐이야. **진짜 문제**가 되는 한 가지는 바로 이거야.

네 성기를 청결하게 관리해.

안 그러면 역한 냄새가 나기 시작할 거야. 멋지게 브라질리언 제모를 했건 말건.

그러다 결국……

그건 너에게 달렸어, 안 그래? 네 음모를 어떻게 할 거니?

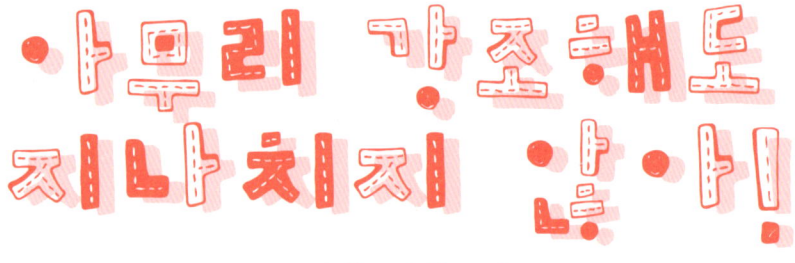

7장
심장이 쿵, 문제는 사랑

 소녀가 된다는 것

모든 건 우연한 생각에서 시작해…

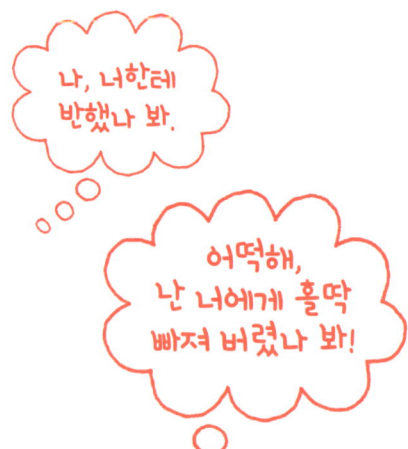

그런 생각은 순식간에 커져서…

그러고는 네가 알아채기도 전에 **수많은 생각**이 네 머릿속을 꽉 채워 버리겠지.

그래. **첫사랑**의 세계에 들어선 걸 환영해.

어쩌면 이렇게 부르는 쪽을 더 좋아할지도 모르겠어.

뭐라고 부르건 간에 그건 **강렬해**.
그뿐만 아니라, 완벽히 정상적인 일이기도 해. 당연한 얘기지만 말이야. 십 대들이나 겪는 일처럼 보이지만, 사실 살아가는 동안 다른 누군가에게 반하는 일은 언제라도 일어날 수 있어.

왜냐하면, 인간은 서로 끌리게 마련이거든.

네가 반한 사람이 너에게 반했다면 더할 나위 없이 훌륭하겠지. 하지만 다음 같은 상황이라면 엄청난 스트레스로 다가올 가능성이 커. 그러니까 네가 반한 사람이

- 네 감정에 전혀 관심이 없다.
- 네 감정을 알고는 있지만…… 그냥…… 웃기만 한다.
- 네 단짝 친구랑 사귀기 시작한다.
- 네 언니나 여동생과 사귀기 시작한다
- 네가 아닌 누군가와 사귀기 시작한다.
- 학교 지리 선생님이다.
- 어디서 무엇을 가르치든 간에 어쨌든 선생님이다.
- 네 단짝 친구다.
- 네 방 벽에 붙여 놓은 포스터의 주인공이다.

이 얘긴 세상 대부분의 사람이 인생을 사는 동안 종종 사랑 때문에 스트레스를 겪는다는 뜻이야. 보통은 십 대 시절에 많이 겪기 하지. 십 대들은 서로 반하는 경향이 좀 더 많거든. 다 머릿속을 복잡하게 만드는 성가신 호르몬 탓이야.

참고해, 선생님에게 반했을 경우라면

……그건 어마 무시한 시간 낭비야. 졸업이 코앞이라고 해도 마찬가지야. 넌 법률상 미성년자이기 때문에 자칫하다가는 선생님이 처벌을 받게 될 가능성도 있어. 그러니까 선생님을 마음에 두고 있다면, 그냥 털어 버리는 게 좋아. **아무 일도 일어나지 않을 테니까**. 네 선생님이 쓰레기 같은 변태가 아니라면 당연히 그럴 거야. 게다가 도대체 누가 쓰레기 변태랑 사귀겠니?

그러니까 선생님들에게서는 신경을 완전히 꺼 버려. 관심도 두지 마. 자, 그럼 스트레스를 줄 만한 다른 상황들에 관해 이야기해 보자.

 소녀가 된다는 것

네 단짝 친구에게 반했다면

아마도 그 단짝 친구는 남자겠지? 넌 그 남자애를 향한 뜨거운 마음을 품고 비밀스럽게 좋아한다는 말이고? 그래, 꽤 까다로운 딜레마야. 아무런 내색도 않으면 영원히 좋은 친구로 남겠지. 그래도 마음속으로는 그 아이의 애인 / 여자친구 / 영혼의 동반자 / 아내(알아서 빼고 읽도록 해.)가 되고 싶을 테고. 반면, 그 아이에게 네 감정을 털어놓으면 이런 대답을 듣게 될 위험이 있어.

> 놀리려는 건 아닌데, 그래 뭐, 네가 나를 향해 헛된 욕망을 품고 있다는 사실을 알았으니까 이제 우리가 함께 어울려 다니는 건 좀 불편할 것 같다.

단짝으로 지내던 아이에게 이성적인 감정을 느낀다면 스트레스를 받는 것이 당연해. 그런데 똑같은 상황에서 네가 사랑을 느낀 단짝 친구가 **여자아이**라면 어떨까? 너와 성별이 같은 거지.

그래, 가능성 있는 일이야. 그런 상황을 인정하는 사람보다 그러지 못하는 사람이 아마 훨씬 더 많을 거야. 내 말을 못 믿겠다면, 십 대 소녀를 위한 잡지의 고민 상담 부분을 살짝 들춰 봐. 물론 살짝 들춰 보는 데서 끝내기는 힘들 거야. **정확히** 똑같은 상황에 부닥친 누군가가 혼비백산해서 보낸 편지가 눈에 띌 테니까. 장담할 수 있어. 만약에 **네**가 이런 상황을 겪고 있다면 겁부터 먹지는 마. **넌 괴물이 아니야.** 그냥 네 친구에게 사랑의 감정을 느낀 것일 뿐이야. 게다가 숨어서 토하고 싶게 만드는 누군가와 친구가 되는 것보다는 **훨씬 덜 이상해.**

> 그럼, 그런 감정을 느낀다고 내가 레즈가 되는 건 아니라는 뜻인가요?

그래, 그렇지 않아.

좀 더 이야기하기 전에 분명히 해야 할 부분이 있어.

레저는 비속어로 금지된 단어야. 레지, 레즈보, 레즈봇도 마찬가지야. 레즈비언에 대한 비난의 의미를 담은 단어는 어떤 것이라도 금지야.

어떤 사람은 키가 커. 어떤 사람은 작아. 어떤 사람은 이성을 좋아하고 어떤 사람은 그렇지 않아. 그게 인생이야. 비난할 필요는 없어.

이제 다시 돌아가서 질문에 대답을 해 보자.

단짝 친구에게 사랑을 느낀다고 해서 네가 동성애자라는 의미는 아니야.

사실 다른 여자에게 반했다는 사실이 동성애자라는 뜻은 아니지. 아니면 양성애자, 그러니까 남성과 여성 모두에게 성적으로 끌리는 사람이라는 뜻도 아니야. 십 대 시절을 보내는 건 롤러코스터를 타는 것과 같아. 모든 것에 긴장하고 매시간이 달라. 어느 날은 김수현이나 이민호에게 꽂혔다가 다음날은 정연이에게 매달릴 수도 있어. 그다음 날엔 박명수[26]가 될지도 모르고.

십 대의 두뇌는 어리고 유연한 데다 어디로 튈지 몰라. 아직 꼬리표를 붙이고 정해진 위치에 놓일 준비가 되지 않았지.

물론, 이 사실이 단짝 친구에게 사랑을 느끼면 **어떻게 해야 하는지** 알려 주지는 않아. 그건 꽤 어려운 문제니까. 하지만 실마리를 풀 방법은 아주 다양해.

<어떡해요, 내가 여자 친구를 사랑하나 봐요> 순서도를 잘 따라가 봐.

(그런데 말이야, 이 순서도는 네 단짝 친구가 남자아이일 경우에도 통해. 꽂히는 건 꽂히는 거니까. 상대가 소년이라면 색칠된 부분을 따라가. 소녀라면 흰 부분도 사용 가능해.)

---

[26] 이 경우는 좀 독특한 취향 같아 보여. 툭 터놓고 말해 보면 누구나 그런 경험이 있을 거야. 나도 마찬가지고. 요즘 내 마음에는… 뭐?! 진짜 내가 나의 사적인 일을 적어 두는 데 이 공간을 이용하고 있다고 생각하는 거야??? 아. 뭐, 그래 좋아. 그 사람은 코미디언 미키 플래너건이야.

소녀가 된다는 것

'어떡해요, 내가 여자 친구를

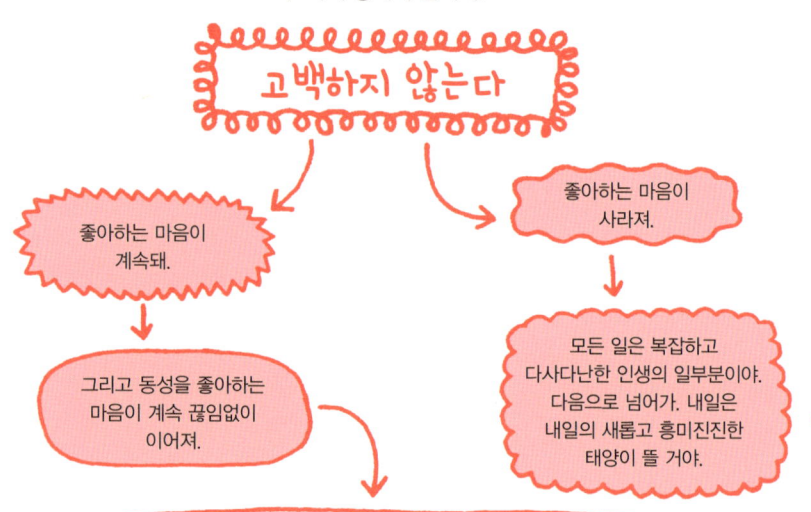

두 가지 중에서 선택해.

고백하지 않는다

좋아하는 마음이 계속돼.

좋아하는 마음이 사라져.

그리고 동성을 좋아하는 마음이 계속 끊임없이 이어져.

모든 일은 복잡하고 다사다난한 인생의 일부분이야. 다음으로 넘어가. 내일은 내일의 새롭고 흥미진진한 태양이 뜰 거야.

그러니까 넌 동성애자일지도 몰라. 만약 그렇다면, 아마 너도 알 거야. 자신이 동성애자라고 생각하는 많은 사람이 아주 어린 시절부터 그 사실을 깨달아. 때로는 유년기에 알기도 한대. 그건 너 자신이 누구인지 발견하는 과정의 일부일 뿐이야. 힘든 부분이 있다면 다른 이들의 비난과 혐오의 대상이 될지도 모른다는 사실이야. 어떤 나라의 경우에는, 물론 아직 충분한 수는 아니지만, 동성애 커플도 양성애자들과 마찬가지로 결혼할 수 있어. 게다가 양성애자들처럼 아이도 입양할 수 있지. 이런 태도의 변화는 오랫동안 기다려 온 일이야.

동성애자들은 항상 존재했어. 언제나 말이야. 레오나르도 다 빈치도 동성애자였어. 로마의 황제이자 거대한 성벽을 세웠던 하드리아누스 황제도 동성애자였지. 예로부터 유명한 동성애자 여성의 이름을 대는 건 더 어려워. 왜냐하면, 이미 확인했다시피 역사는 여성들의 것이 아니었잖아.

명심해. 동성에게 마음이 간다고…… 동성과 입을 맞췄다고…… 심지어 동성애 관계를 맺었다고 해서 네가 동성애자라는 뜻은 아니야. 마찬가지로 양성애자라는 의미도 아니지. 그 나이엔 그럴 수도 있다는 표현은 쓰기 싫어…… 하지만……

그 나이엔 그럴 수도 있어. 누가 알겠니?

진짜 중요한 것은 세상은 끝나지 않는다는 거야. 이 주제에 대해 더 많은 정보와 조언을 얻고 싶다면, 한국 레즈비언상담소 http://www.lsangdam.org를 방문해 봐.

심장이 쿵, 문제는 사랑

사랑하나 봐요' 순서도

마음을 고백한다[27]

- 친구가 완전 단호하게 아니라고 대답해.
- 친구가 완전히 재수 없는 녀석처럼 굴어.
  - 사실, 그 친구는 좀 더 성숙해질 필요가 있어. 그 친구와 충분히 거리를 둬. 태양까지 만큼의 거리를 두는 걸 추천하는 바야.
- 친구도 널 좋아한대. 눈이 맞은 거야.

27. 162~163쪽을 봐.

이런 이야기는 할 필요는 없다고 생각하지만 그래도 할게. 니 자신이 원치 않는 사랑 고백을 받는 쪽이라면, 여자에게서든지 남자에게서든지 말이야.

부탁인데 재수 없게 굴지는 마.

누군가가 너에게 반했다는 건 **굉장한 영광**이야. 그 누군가가 너를 사랑스럽다고 생각하는 거잖아. 그러니까 사랑스러운 모습을 지켜 나가. 그리고 **정중**하면서도 **분명**하게. 기분은 무척 좋지만 너는 적당한 사람이 아니라는 사실을 상대방에게 알려 줘. 예의 바르지만 **분명한 거절**만이 그나마 괜찮은 대답이니까. 드라마 찍을 생각은 마.

이제 덜 복잡한 부분을 시작할게.

방 벽에 붙여 놓은 포스터의 주인공이 좋다면,

그건 흔하디흔한 일이야. 누구나 그런 시절을 겪어. 다만 영영 헤어 나오지 못하면 좀 이상해져. 방 벽에 붙은 포스터 속 연예인에게 이메일을 줄기차게 보내거나 집 주소를 알아내서 작은 인형 같은 걸로 선물 공세를 펴거나 베게 / 머그잔 / 쿠션 / 속옷 등등에 그 사람의 얼굴을 인쇄해 넣는 일도 마찬가지야. 이런 상황이 벌어진다면, **선을 넘은 거야. 그만둬야 해.**

그런 경우가 아니라면 유명한 사람들을 좋아하는 건 크게 해가 될 것도 없고 스트레스 받을 일도 전혀 없어. 사실, 이렇게 푹 빠졌을 때는 위험도 적어. 차일 일도 없고, 학업에 지장도 없을 테고, 무엇보다 지겨워지면 그 남자, 아니면 그 여자를 버릴 수도 있잖아. 말 그대로 말이야.

위험이 적어. 하지만 재미도 적지.

그럼 이제 좀 더 중요한 문제에 다다랐는데, 바로……

나는 남자아이들한테 마음을 홀랑 빼앗긴 걸까?

이상하긴 해. 꼬마였던 시절을 떠올려 봐. 남자아이들을 대하는 네 감정은 어땠니? 물론 예외도 있겠지만, 남자아이들은 여자아이들의 비위를 상하게 하는 경향이 있어. 남자아이들은 너무 야단스러워. 녀석들은 방귀를 뀌고는 재미있다고 생각하잖아. 또 어떨 때는 커다란 초록 코딱지를 파서는……

초등학교 시절 선생님이 이런 말을 할 때 화가 나더라는 얘기가 나올 법도 해.

 소녀가 된다는 것

하지만 중학교에 가면 좀 달라져. 남자아이들에 대해 수다를 떠는 일은 모두의 취미로 떠오르지. 많은 소녀가 거기에 완전 목숨을 걸어.

다는 아니고. 모두 다르니까, 기억해.

아래의 표를 보고 네가 어디에 속하는지 알아봐.

나는 남자애들한테 마음을 홀랑 빼앗긴 걸까?		
전형적인 행동 증상	맞아, 그런 적 있어.	헐, 아니야!
남자친구를 사귈 수 있을지 계속 궁금해.	☐	☐
섹시한 남자아이의 이름과 네 이름 사이에 하트를 넣어서 어딘가에 적어 놨어. 이런 식으로: 김아름♡이종석	☐	☐
네가 푹 빠진 남자아이에 대한 소네트(열네 줄로 이루어진 사랑 시)나 다른 시를 지었어.	☐	☐
네 이상형 앞으로 절대, 결코 보낼 일 없을 편지를 썼어.	☐	☐
특별한 누군가의 목소리가 들리거나 / 모습이 보이면, 식욕이 뚝 떨어져. / 입을 뗄 수가 없어. / 합리적인 사고를 못 하게 돼.	☐	☐
마트에 가면 남성용 데오도란트(왁스나 비누) 냄새를 일일이 다 맡아 보면서 '그 아이'가 사용한 제품을 찾아봐.	☐	☐
네가 내릴 정류장을 지나도 계속 버스에서 내리지 않아. '그 아이'가 저기 저 자리에 앉아 있으니까.	☐	☐
'너'와 '그 아이'가 서로를 사랑하게 될 확률이 정확히 얼마인지 알아보려고 이상한 수학 계산을 해.	☐	☐
이런 것들을 적어 본 적 있어. 아름 + 종석 4랑해 5늘도 0원히 ㄱ해 넌 나의 100t야 난 2제 너뿐이야	☐	☐

심장이 쿵, 문제는 사랑

과학적인 결과

체크 표시가 없다 = 그래. 넌 이성을 조금도 잃지 않았구나. 아마 이런 의미겠지.

   i) 너는 극히 냉정하고 자존감 높은 스타일이야.

   ii) 네 삶에도 곧 이런 시기가 닥칠 거야.

   iii) 남자아이는 너의 관심사가 아니야.

어느 쪽이든 다 괜찮아. 모든 사람은 다르니까.

체크 표시가 한 개다 = 그래. 넌 확실히 남자 열병에 걸린 증상을 보여 주고 있어.

체크 표시가 두 개에서 일곱 개다 = 그래. 너의 뇌는 남자 바이러스에 점령당한 젤리 상태야.

체크 표시가 여덟 개에서 아홉 개다 = 진정하시게나, 자매여. 상대방이 너를 스토커로 오해하길 바라는 건 아니잖아.

너, 남자아이에게 홀딱 반했구나.

이제 어떻게 할 생각이니?

음, 〈어떡해요, 내가 여자 친구를 사랑하나 봐요〉 순서도로 되돌아가서 참고하는 것도 좋아. 사랑은 사랑이니까. 네가 누구를 좋아하든 기쁨과 고통이 뒤죽박죽 섞인다는 점은 같아. 게다가 남자아이에게 반한 경우는 재수 없는 비아냥거림[28]을 힘들게 견뎌 내야 하는 위험도 훨씬 덜해. 너에게는 아직도 두 가지 중요한 선택이 남아 있지.

상대방도 너를 좋아하길 바라면 그 아이에게 네 마음을 알려야 해.
그 아이는 소년이야. 마음을 꿰뚫어 보는 초능력자가 아니라고.

그럼 행동으로 옮기기에 앞서, 그 일이 어떤 식의 결과를 가져올지 미리 살펴보자.

---

28 재수 없는 인간들의 전형적인 행동이야. 틀림없어.

심장이 쿵, 문제는 사랑

마음을 고백한다

넌지시 떠보는 방법으로

그 아이의 페이스북 글에 일일이 '좋아요'를 눌러, 수줍을 담기 전에 머리 작업해 두는 거지. 그런 다음에 실제로 추파를 던져.

찬성 의견: 그런 짓도 꽤 중요한 일이긴 해……
반대 의견: 상대방이 너를 페이스북 스토커라고 생각할지도 몰라. 아니면 그 아이는 현실에서의 모습과 온라인에서의 모습이 완전히 딴판일 수도 있어.

운동부, 바둑 동아리, 과학 동아리, 수학 동아리, 스카우트, 밴드, 남자(네가 속한 축구부의 응원단 등)등에 가입해. 어디가 됐든 그 아이의 관심을 끌 만한 곳으로 말이야.

찬성 의견: 상대방의 레이더에 내가 잡힐 거야.
반대 의견: 하지만 솔직히 방법일까? (내가 대학교 시절에 실제로 썼던 방법이야. 난 일 내 내내 컬링이라는 이름의 바보 옆에 앉으려고 경쟁률이 높았다고 컬링이 대야트 신청을 하든가 싫었는데 날 산으로 대려고 가다가 큰 돌로 등짝 벼을 쓸게 하더라고.)

친구를 '중계인'으로 삼는 거야. 너도 어떤 신전지 말 거야. '내 친구가 널 괜찮게 생각해.'

찬성 의견: 위험이 적어. 상대가 거절한다 해도 너 그냥 한번 말해 봤다고 변명할 수 있으니까.
반대 의견: 세심함이 부족한 방법이야. 솔직히 말해 그건 유치원생들이나 하는 행동이지. 네가 미래에 고백할 상대 역시 그냥 한번 해 보는 말이라고 생각할 위험도 있어.

얼굴을 마주 보고 직접

찬성 의견: 바라는 대로 되거나 그렇지 않거나, 넌 진정한 임자처럼 행동하고 있는 거야. 심지가 굳잡이 있는 아이라면 널 존중할 거야. 그 아이의 친구들도 마찬가지일 거고.
반대 의견: 검날 거야. 용기를 내.

 소녀가 된다는 것

남자는 외계인이 아니야. 그냥 직접 얘기해.

누군가에게 좋아한다고 말하는 건 **멋진** 일이야. 그러니까, 그 애가 완전 바보 멍청이가 아니라면, 최소한 우쭐한 기분이라도 들겠지. 그리고 소년들은 대부분 이런 데이트에 관련된 일이라면 다짜고짜 흥분하기 마련이야. 소녀들이랑 다르지 않은 셈이지. 그 애들도 역시 사춘기를 겪고 있다는 사실을 잊지 마. 표본 집단의 한 남학생이 이런 말을 했어.

개수적으로 행동하는 사람들은 정말 최악이에요.

맞는 말이야. 생각해 봐. 너랑 공통점이 전혀 없는 누군가의 주의를 끌려고 재미도 없는 일을 **일 년 내내** 해야 한다면 어떨지. 얼마나 의미 없는 짓이니?

그러니까 남학생이 한 말을 들어. 그리고

심장이 쿵. 문제는 사랑

참고로, 또 다른 남학생은 이런 유익한 얘기도 들려줬어.

여자애가 데이트 신청을 하면 정말 좋을 것 같다.

봐. 내가 뭐랬어?

그러면 좀 더 이야기해 보자. 상대방에게 네가 좋아한다는 걸 알렸고, 그 아이도 널 좋아한대.

그다음엔 무슨 일이 벌어질까?

데이트

맞아. 넌 그 아이와 데이트를 할 거야. 기막힐 정도로 흥분되겠지만 동시에 머릿속은 뒤죽박죽 엉망진창이 되어 버려. 클레오파트라처럼 침착한 유형이 아니라면 네 머릿속은 이런 상태일 거야.

> 아, 진짜. 대체 뭘 입어야 하는 거야?

> 어딜 가야 하지?

> 돈은 얼마나 필요한 걸까?

> 으아, 내가 키스도 제대로 못하면 어쩌지?

> 걔가 나를 엄청 지루하다고 생각하면 어떡해?

> 그 애는 혹시 '그걸' 할 생각일까?

저런 생각이 드니?

좋아, 일단 진정 좀 해. 준비하는 동안 음악도 좀 틀어 두고. 마음을 좀 편히 가져. 이제 이런 걱정을 중요한 순서대로 하나씩 다뤄 보자. 가장 중요한 게 첫 번째야.

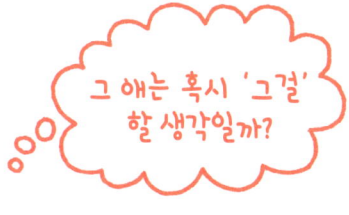

아니. 그 애가 너에게 하길 기대하는 **무언가**가 네가 불편하게 느끼는 일이라면, 그냥 이야기해. '난 아직 그걸 할 준비가 안 됐어.'라고 말이야. 분명하게. 침착하게. 그 애도 이해할 거야. 아마 자기가 엄청 멍청하게 굴었다고 생각하면서 사과할 수도 있어. 그런데 만약에 그 말을 이해하지 못하고 멍청하게 군다면 그 아이는 네가 사귈 만한 남자가 아니야. 슬프지만 완전 쓰레기 같은 녀석이야. 그냥 차 버려.

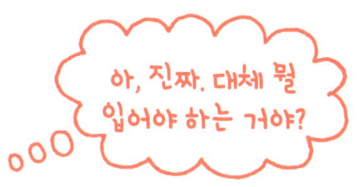

옷을 입어야지. 안 그러면 그 남자아이는 기절초풍하고 넌 경찰에 잡혀갈걸. 핵심은 **편안**하고 **자신감** 넘치는 느낌이 드는 옷을 입는 거야. 네 기분이 좋아야 더 좋은 시간을 보내게 될 테니까. 반면에 끊임없이 치맛단을 잡아당기면서 네 궁둥이 위로 말려 올라가지 않았는지 확인해야 한다면 점점 초조할 거야. 네가 편안하지 않다면 상대방도 마찬가지일 테고. 왜 스스로 그런 일을 만들어?

또, 우리가 전에 말한 적 있는 멋진 단어를 떠올려 보는 것도 좋아.

넌 책이야. 너를 읽어 낼 수 있다는 말이야. 그런 의미에서 네 옷은 이야기지. 네 옷장 속의 옷 중에서 널 가장 잘 표현해 줄 옷은 뭘까…….

소녀가 된다는 것

> 난 옷을 잘 입으려고 특별히 신경 쓰고 노력했어. 너를 좋아하니까. 하지만 옷이 무언극을 담당하고 있으리라고는 상상도 못 했어.

참 까다로운 일이야. 그렇지? 도움이 될지는 모르겠지만 누구에게나 마찬가지야. 남자아이들도 포함해서. 하지만 남자아이들은 보통 청바지와 티셔츠를 입기로 결정하고 고민을 끝내지. 그런데 말이야, 너도 똑같이 하지 못할 이유가 전혀 없어. 그렇게 입는 걸 좋아하고 깔끔한 차림이라면.

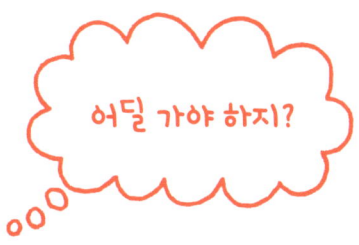

표본 집단에 따르면 **뭔가 할 수 있는 곳**으로 가는 것이 정말 좋더래. 남자건 여자건 모두 이 점에 동의했어. 즐길 거리가 있는 장소로 가면 부담감도 사라지고 또 한 가지 더 줄어드는 것이 있는데 그건 바로……

침묵.

너도 저 두 가지는 원치 않을 거야. 어색한 침묵은 네가 꿈꾸던 데이트를 마치 방과 후에 남아 벌을 받을 때처럼 늘어지게 하지.

표본 집단은 첫 데이트에 갈 만한 이상적인 장소로 영화관을 꼽았어. 이것 역시 합리적인 선택이야.

넌 그곳에서

- 💗 그 아이 옆에 오랫동안 앉겠지.
- 💗 그 아이의 손도 잡을 거야.
- 💗 영화도 보고.
- 💗 무슨 이야기를 해야 할지에 대한 딜레마에서 빠져나오게 돼.

 소녀가 된다는 것

극장 안에서 **좌석을 선택할 때는 뒤쪽이 아니라 앞쪽 자리를 선택해야 해**. 내가 얘기해 본 남자아이들에 따르면 여자아이들이 선뜻 뒷좌석에 앉겠다고 하는 건 다음과 같은 신호를 보내는 거래.

"난 네 물건을 만져 보고 싶어."

뭔가 엄청나게 불공평해 보이는 상황이기는 해. 그냥 뒷자리에 앉는 걸 좋아할 수도 있는 거잖아. 나는 서로 오해하거나 어색해질 수 있는 상황도 **아주 쉽게** 피할 수 있다는 의미에서 이런 이야기를 하는 거야.

첫 데이트를 하기 좋은 장소를 더 말해 보자면, 볼링장이나 놀이동산도 괜찮은 곳이야. 만약 사는 곳이 바다 근처라면 해변도 좋아. 공원을 산책하는 것도 괜찮지. 이 경우에는 낮 동안이어야 해. 해가 진 뒤 공원은 **무척 위험**하거든. 네 나이와 상관없이 말이야.

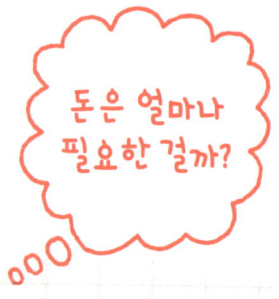

여자 친구들과 함께 놀러 나갈 때와 정확히 같은 액수를 준비하면 돼. 남자가 모든 돈을 내야 한다는 생각은 집안일은 여자의 몫이라는 생각처럼 아주 고리타분하고 구시대적인 발상이야. 상대방이 돈을 내겠다고 고집한다면 **훌륭한 일이지**! 다음엔 네가 그 아이에게 사야 해.

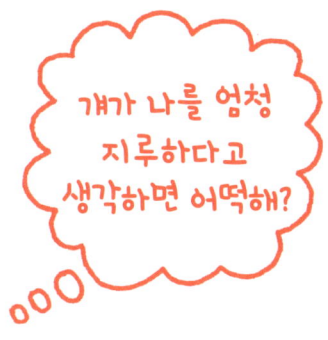

그럴 리가 없어! **그 아이는 널 좋아해!** 너랑 같이 시간을 보내고 싶어 한다고. 상대방이 뭘 좋아하는지 알아내 봐. 음악이나 텔레비전 프로그램이나 네 기분이 좋아질 만한 걸 소재 삼아 이야기하는 거야. 눈 오는 날 같은 이야기 말이야. 담장에 앉은 다람쥐도 좋지. 자동차 창문 틈으로 코를 내민 강아지를 본 이야기도 괜찮아. 그런 수다에 미소 짓지 않을 사람이 누가 있겠니?

그런데, 결정적으로……

맞아. 나도 애초에 이 부분을 강조했었어.
너랑 데이트하는 상대는 **너**를 좋아해야 해. 네 가짜 모습 말고.

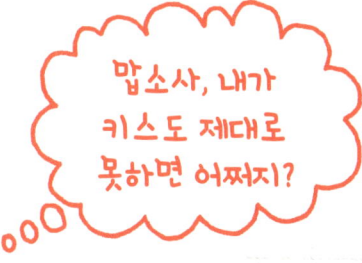

아닐 거야. 그 아이가 널 메스껍게 만들지만 않는다면 그럴 리가 없지. 네가 진짜 푹 빠진 누군가와 나누는 키스는 무척 자연스럽게 일어나.
사실, **무척 쉬워.**

내 말을 못 믿겠다고? 그 입 다물고 다음의 간단한 4단계를 따라가 봐.

조건 눈부터 먼저 맞추는 거야.

 하면 느낌이 오도록, '우린 지금 입을 맞출 거'라는 의미를 담은 미소를 살짝 지어.

 잇, 얼굴을 천천히 그 아이 가까이 가져가.

 우! 입술이 만났어.

진한 키스를 설명하는 건 어려워. 하지만 모든 건 입술의 움직임에 달렸어. 네 입술은 그 아이의 입술과 발칙하게 맞붙어야 해.

네가 피하고 싶다고 느낄 만한 접촉

1. 네 입에 강력 접착제처럼 달라붙어 떨어지지 않는 그 아이의 기술.
2. 침으로 세수하기.
3. 과한 혀 놀림.

피부에 자국을 남길 정도로 과한 키스는 한마디로

키스 마크라고도 부르는 그 자국은 품위 없어 보여. 뭐, 내 짧은 생각일 뿐이지만 분명히 그래. 그런데 말이야, 한번 생각해 봐. 그건 얼룩덜룩하고 굉장히 큰 멍 자국이라고. 목에 멍이 든 거지. 키스 마크는 흉측해 보여.

그런 자국이 몸에 남길 바라는 사람이 세상에 누가 있겠어?

이렇게 말하려는 게 아니라면…

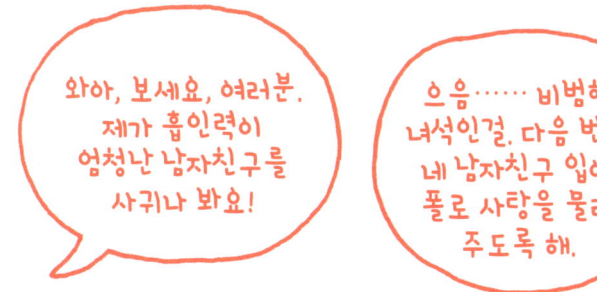

품위를 지켜. 흠집이 날 행동은 피하고.

아직 얘기하지 않은 것이 하나 더 남았지. 데이트 전에 골머리를 썩이는 문제야.

이 노래 들어 본 적 있니? 좀 옛날 노래야.

이 노래 가사에는 여러 가지 진실이 담겨 있어. 인생은 약속된 일이 하나하나 이뤄지듯 흘러가지 않아. 계획된 대로 완벽하게 진행될 때도 있지만 그렇지 않을 때도 있어. 첫 데이트는 언제나 조금은 물음표를 남기게 마련이야. 아주 멋진 시간을 보낼 수도 있어. 아니면 눈물 날 정도로 지루해서 **절대** 그 아이와 다시 데이트하지 않겠다고 결심할지도 모르지. 그렇다 해도 너그럽게 받아들여. 다음과 같은 적절하지 않은 방법을 사용하지 않고도 네 삶을 되돌릴 수 있어.

품위를 갖춘 결별

누군가랑 일주일을 만났든 일 년을 만났든, 문자로 결별을 통보하는 건 **나빠**. 조심성 없고 경솔한 데다 고상하지 못해. 그냥 말로 해. 제대로. 그게 겁이 난다면 편지를 써. 진짜 편지 말이야.

손으로 쓴 편지!

옛날 방식으로.

그런 다음 봉투에 그 아이의 집 주소를 적고 우표를 붙여서 우체통에 넣어. 이상한 소리처럼 들릴지 몰라도 받은 편지함 속으로 들어온 인정머리 없는 이메일보다 직접 쓴 편지가 감정적인 부분을 훨씬 잘 전달해 줘. 네가 심사숙고하며 특별한 노력을 기울였다는 사실을 보여 주거든. 편지에는 그냥 이런 말을 써…….

심장이 쿵, 문제는 사랑

종석이에게

내가 너에게 이렇게 편지를 쓰는 이유는 지난번 영화관 / 볼링장 / 해변에서 오후를 즐겁게 보낸 데 대해 고맙다는 말을 하고 싶어서야. 다스 베이더가 죽는 부분이 / 내가 스트라이크를 기록했을 때가 / 갈매기가 네가 먹던 아이스크림을 낚아챘을 때가 특히 재미있었지. 그런데 말이야, 내가 곰곰이 생각해 봤는데 아무래도 지금 당장 진지하게 사귀는 건 부담스러울 것 같아. 네가 했던 말이나 행동과는 절대 상관없는 일이야. 그냥 내가 누군가를 만날 마음이 없어서 그래. 하지만 변함없이 좋은 친구로 남았으면 좋겠다.

그럼 잘 지내.

아름이가.

이렇게 쓰면 마치 할머니가 쓴 편지 같은 느낌이 들겠지만, 이런 상황에서는 '사랑하는….'이라고 마무리 짓는 것보다 훨씬 안전해.

이건 해도 괜찮은 몇 안 되는 거짓말 중 한 가지일 뿐이야.

헤어지는 이야기가 나왔으니 말인데……

상대방을 볼 때 섹시하고 사랑스럽다는 생각이 조금도 들지 않는다면 데이트를 해 봐야 소용없어. 특히 십 대 시절엔 더 그래. 십 대의 로맨스는 달콤하고 신나고 재미있고 짜릿해야 해. 지루하고 싫증이 나는 데이트라면, 구태여 계속할 이유가 뭐야?

아래의 목록은 누군가를 네 남자친구라고 부르기 위해 갖다 붙이는 엄청 심각하게 잘못된 이유야.

- ✗ 난 절실해. 그 애면 돼.
- ✗ 그 애가 안됐어.
- ✗ 그 애의 단짝과 친해질 수 있잖아. **엄청** 잘나가는 애거든.
- ✗ 그 애의 아빠가 극장 사장이야. 내 친구들이랑 다 같이 공짜로 영화를 볼 수 있어.
- ✗ 그건 내가 더 나은 여자라는 뜻이야, 안 그래? 남자 친구가 있으면 그렇잖아?

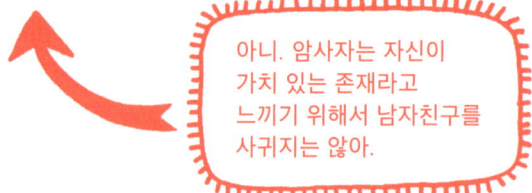

아니. 암사자는 자신이 가치 있는 존재라고 느끼기 위해서 남자친구를 사귀지는 않아.

물론, 다른 시나리오도 있어. 너는 간절히 일을 진행하고 싶은데 그 애는 아닐 때지. 만약 네 문자에 답이 없다면 그 녀석은 주제넘게도 너에게 딱히 관심이 없는 거야. 둘이 한동안 데이트를 했는데 그 애가 그만 만났으면 좋겠다고 말한다면, 그 마음을 바꾸기 위해서 네가 할 수 있는 일은 거의 없어.

소녀는 절대 자기랑 데이트해 달라고 애걸복걸하지 않아.

그런다고 상대방에게 더 매력적으로 보이지는 않아. 누구에게라도 그래.

거절당하거나 차이는 일은 결코 좋을 수 없지. 그건 자존심의 뒤통수를 때리는 일이야. 때로는 치명타를 맞아 완전 뻗어 버릴 지경이 되는 수도 있어. 하지만 사실은……

그저 네가 아직 알맞은 사람을 만나지 못했다는 뜻일 뿐이야.

게다가, 실제로 십 대 시절을 보내는 동안 완벽한 짝을 찾는 사람은 매우 드물어. 그래서 친구들과 많은 시간을 함께 보내는 일이 중요한 거야. 영원한 우정은 그런 식으로 발전하거든. 영원한 친구 말이야. 영어 시간에 옆에 앉은 김우빈을 닮은 남학생에게 반해서 눈 깜짝할 사이에 사랑에 빠진다 한들 대학에 가서 송중기같이 생긴 녀석을 만난다면 김우빈 닮은꼴은 이미 지나간 일이 되어 버리지.

이건 괜찮은 일인 동시에 비극이지만, 여기 세 번째 시나리오가 남았어. 이거야.

십 대 시절의 첫사랑이 아름다운 관계로 꽃피는 경우.

 소녀가 된다는 것

누가 알겠어? 가능성은 충분해. '케 세라, 세라……' 기억나지?

그럼 어떻게 해야 사랑의 날개를 달고 날아오를 수 있을까?

왜 어떤 관계는 잘 풀리고 어떤 관계는 아닌지 확실히 말하는 건 불가능해. 하지만 꽤 쓸 만한 비결이 있어. 바로 이거야.

로맨스를 오래 유지하는 비법

재료:
정직 1컵
신뢰 1컵
자상한 배려 한 줌
서로에게 끌리는 마음 적당량
빵 터지게 하는 유머 한 숟가락

만드는 법:
모든 재료를 함께 넣고 섞는다.
두 덩어리로 잘라 나눠 갖는다.

좋아, 저 비법은 약간 모호한 감이 있을지도 몰라. 게다가 엄청 가식적이기도 해. 이럴 땐 좋은 여자 친구 테스트가 도움 되려나…….

1. 첫 데이트 날이야. 너와 남자 친구는 함께 영화관에 갔어. 남자 친구가 팝콘을 살 테니 함께 먹자고 해. 그러면 네 대답은,

    A. 좋아. 그럼 땅콩 초코볼도 사라. 그리고 나초도. 콜라는 제일 큰 사이즈로 하고. 내가 목이 엄청 마르거든.

    B. 어머, 고마워! 앞으로도 많고 많은 것들을 함께 나누었으면 좋겠어. 우리가 함께할 미래도 포함해서 말이야.

    C. 팝콘 좋아해? 맛이 스티로폼 같은데! 너 진짜 스티로폼 맛을 좋아하는 거면 우리 사이를 다시 생각해 봐야 할 것 같은데.

    D. 너 지금 나 살찌라고 그러는 거야?

    E. 좋은 생각이야. 고맙게 먹을게.

2. 남자 친구의 생일이야. 넌 그 애에게,

    A. 아무것도 주지 않을 거야. 쌀쌀맞게 대해야 안달이 나서 매달린다고.

    B. 사진첩을 줄 거야. 남자 친구의 사진으로 꽉 채워 넣고 마지막 장은 비워 둔 채로. 우리의 결혼식과 아이들과 손자 손녀들과 증손들의 사진으로 채울 거라고 적은 하트 모양 쪽지와 함께 건네면 완벽한 선물이 되지.

C. 제 내로 된 옷을 사 줄 거야. 그냥 두면 계속 저렇게 입고 다닐 테니까.

D. 휴대 전화를 사 줄 거야. 비싸지만 그럴 만한 가치가 있어. 왜냐하면 '남자 친구 위치 추적 장치'라는 앱을 다운받아서 어디 있는지 항상 지켜볼 수 있으니까.

E. 카드와 영화표를 선물할 거야. 첫 데이트가 떠올라서 빙그레 웃으며 고개를 끄덕일 거야.

3. 네 생일이야. 남자 친구가 특별한 노래를 담은 CD를 직접 구워 줬어. 또, 너를 자기 집으로 초대해서 직접 요리한 라자냐와 초콜릿 생일 케이크를 내왔어. 그 모습을 보고 네가 한 말은,

A. 진짜 선물은 어디 있어?

B. 정말 고마워. CD에 든 노래는 우리 결혼식 피로연에서 춤곡으로 틀면 좋겠다. 손님들에게는 라자냐랑 초콜릿 케이크를 대접하자.

C. 아, 진짜. 네 끔찍한 음악 취향에 대해 한마디 해야겠다. 그래도 라자냐랑 초콜릿 케이크는 괜찮네.

D. 그다음은 뭘 할 거야? 그만 만나자는 얘기하려고 나를 집으로 부른 거니?

E. 정말 멋지다. 고마워. 나도 CD에 노래를 담아서 선물해 줄게.

심장이 쿵, 문제는 사랑

4. 남자 친구의 잘생긴 친구가 파티에서 너에게 다가와서 "넌 나랑 데이트해야 해, 저 녀석 말고."라고 말해. 그럼 너는,

- **A.** 그 아이에게 진한 키스를 해. 나도 헷갈렸다고 말하면서. 그러고는 입 닥치라고 쏴붙여 줄 거야.

- **B.** 왼쪽 세 번째 손가락에 사인펜으로 그려 놓은 금반지를 그 아이에게 보여 주면서 이렇게 말해. "난 이미 결혼한 몸이야. 이 사인펜으로 그린 반지는 금과 다이아몬드로 만들었는데 [남자 친구]가 날 가지게 될 거라는 징표야. 우리의 마음과 영혼은 하나로 연결되었고 누구도, 그 누구도 우리를 갈라놓지 못할 거야."

- **C.** 가서 남자 친구에게 말해. 그러면서 이렇게 덧붙여. "꽤 섹시해 보이는 전략인데, 계속 나랑 만나려면 당장 이런 게임은 끝내는 편이 좋아."

- **D.** 곧바로 이건 사악한 덫이라는 사실을 깨달아. 남자 친구와 그 아이의 절친은 네가 얼마나 믿을 만한지 확인해 보려고 한패가 된 것이 분명해. 아니면 남자 친구가 네 절친과 어디론가 사라졌다는 사실을 네가 알아채지 못하게 하려고 그 친구가 막고 있는 걸지도 몰라. **소사 소사 맙소사!**

- **E.** 그 추잡한 친구 녀석에게 못 들은 걸로 하겠다고 말해.

 소녀가 된다는 것

5. 남자 친구가 야구팀과 여름 한 달 동안 뉴질랜드로 훈련하러 다녀올 거라고 말했어. 그 말을 듣고 너는

A. 입맛을 다시며 손바닥을 비벼. 아주 좋은 기회가 되겠는걸!

B. 흐느껴. 땅바닥으로 무너지듯 쓰러져. 남자 친구의 다리를 잡아. 더 크게 통곡해. 그러면서 나만 두고 떠나면 죽어 버리겠다고 말해.

C. 남자 친구에게 나인지 럭비팀인지 선택하라고 해. 둘 다 같이 가질 수는 없지. 양자택일의 순간이야.

D. 뭔가 일어나고 있다는 낌새를 채. 넌 1킬로미터 밖에서도 거짓말 냄새를 맡을 수 있으니까. 남자 친구는 그냥 너를 차 버리고 싶은 거야. 그렇지? 누군가를 만나고 있는 거지, 맞지?

E. 조금 슬퍼. 하지만 고작 한 달인데, 뭐. 안 그래? 야구팀에서 뉴질랜드에 다녀온다니 정말 굉장하잖아. 게다가 남자 친구는 선물도 사 온다고 하고…….

대부분이 A다: 허걱. 너는 원하는 걸 얻기 위해서 남자 친구를 만나는 것처럼 보여. 로맨스는 두 사람의 감정과 관련된 일이야. 지금 너는 자신에게만 관심이 있는 것 같아.

대부분이 B다: 너 사람 맞니? 혹시 외계인? 마음 편히 가져. 넌 아직 어려. 시간은 네 편이야. 너처럼 착 달라붙는 사람과 사귀지 않는 한, 네 태도에 모두 겁먹고 말 거야.

대부분이 C다: 네 행동은 머릿속에 전혀 도움 안 되는 생각이 떠돌아다닐 때 나타나는 증상이야. 예를 들면,

나는 네가 좋아, 그러니 이제 나에게 맞춰.

관계라는 건 스스로 자연스럽게 행동하고 또 남자 친구의 자연스러운 모습을 인정할 때만 잘 유지돼. (상대가 여자여도 마찬가지야. 이성애자건 동성애자건 우리 모두 있는 그대로의 모습을 드러내 보여 줘야 해.)

대부분이 D다: 어휴. 너 완전 **의심 덩어리 소녀**구나! 사람을 믿어야 해. 그러지 않으면 인생이 대단히 난감해져.[29]

대부분이 E다: 그래. 잘하고 있구나. 정말 멋져!

여기서 2번 질문에 잠깐 언급되었던 헛소리를 살펴보자.

쌀쌀맞게 대해야 안달이 나서 매달려.

진짜? 진짜야? 어떻게 그렇게 돼? 우리는 친구들을 쌀쌀맞게 대하진 않잖아. 안 그래? 만에 하나 그랬다가는 계단 구석에 혼자 쓸쓸히 앉아 있는 처지가 되고 말 거라고. 남자 친구도 인간이야. 쌀쌀맞게 대하면 그건 그냥…… 네가 쌀쌀맞은 아이인 거야. 흉악한 악당이 아니고서야 누가 쌀쌀맞은 사람이랑 데이트하고 싶겠니?

좀 더 나은 헛소리를 꼽으라면 이걸 들겠어.

소 팔아서 소고기 사 먹을 생각일랑 말아.

---

[29] 이 말은 안톤 체호프가 했던 주옥같은 명언에서 슬쩍해 온 거야. 체호프는 1860년에서 1904년까지 살았던 러시아의 대문호야. 신뢰에 관해서라면 체호프의 말은 완전 옳아.

네 앞에는 창창한 인생이 펼쳐져 있어. 성급하게 달려들 필요가 전혀 없지. 너는 남자 친구를 좋아하고 남자 친구는 널 좋아해. 그렇다고 남자 친구가 오로지 자기 흥미를 채우려고 끈덕지게 졸라서 너의 비옥한 토양에 자기 씨앗을 뿌려 대도록 허락해서는 안 돼.

한 번 그러고 나면 그 아이의 흥미를 채워 주려고 뭘 더 해야 할지 어떻게 알겠어?

내가 무슨 얘기하는지 알지?

이쯤에서 여태껏 말하지 않았던 짧은 한 단어를 아주 자연스럽게 꺼내 볼게.

성관계

아직 말하지 않았던 이유가 있어. 이게 그 이유야.

누군가의 여자 친구가 된다는 것이 꼭 성관계를 해야 한다는 뜻은 아니야.

특별히 네가 십 대일 때는 더 그래.

사실, 그건 법적으로도 허용되지 않는 행동이야. 너나 상대방이 둘 다 최소한 16살이 안 됐다면 불법이라는 뜻이야. 이건 누구에게나 마찬가지야. 이성애자든 동성애자든. (영국에서는 그래. 한국에서는 만13세 이상이면 성적 자기결정권이 인정되기 때문에 본인이 원했다면 불법은 아니야.)

그리고 헷갈릴까 봐 좀 더 덧붙일게. 보통 성관계라고 하면 **단순히** 질 안에 음경을 집어넣는 **삽입 성교**만을 의미하진 않아. **구강성교**(입으로 상대의 성기를 자극하는 거야.)나 **상호 자위**(진한 애무[30], 핸드 잡, 손가락 섹스라고 부르기도 해.)도 성관계라는 얘기야.

이런 식으로 생각해 봐. **미성년자가 성관계를 갖는다면 누군가는 엄청난 곤욕을 치를 가능성이 커. 심지어 그 누군가 역시 미성년자라고 해도!**

물론 수많은 십 대들이 성관계를 하고 있지. 진한 애무 / 핑거링 / 핸드 잡 같은 형태로. 너도 알 거야. 나도 알아. 모두가 다 알지. 그런데 대개 곤욕을 치르는 사람은 없어. 그럼 성적 자기결정권에 관한 법률은 다 쓸모없는 시간 낭비였다는 뜻이야? 그냥 잘난 체하려고 만든 법일까? 게다가 불공평한 법일까?

아니, 그렇지 않아. 그 법을 만든 이유는 널 보호하기 위해서니까.

만일 상대방이 이렇게 말하면서 하소연을 늘어놓기 시작한다면……

> 나랑 성관계를 갖지 않겠다니 무슨 여자 친구가 그렇게 매정하고 못됐냐?

넌 네 법적인 권리를 대며 이렇게 대답하는 거야……

---

[30] 이 말을 사용하는 사람은 대개 낯부끄러워서 십 대들이 선호하는 핸드 잡이나 손가락 섹스 같은 좀 더 직설적인 표현을 사용하지 못하는 어른들이야. 솔직히 말해서 이런 표현들은 다 별로야. 굳이 입에 올리라고 말하지는 않을게.

> 얼마나 못났기에 미성년자인 여자 친구한테 성관계를 갖자고 성가시게 조르는 거야? 넌 꼭 시간을 내서 성범죄 처벌법부터 공부 좀 해야겠다.

그러고 난 다음엔 그 관계에 선을 그어. 상대방에게 성관계하자고 성가시게 조르는 사람은 좋은 짝이 될 수 없어.

네가 남자 친구가 있고 성관계를 했다면 이 페이지에 머무를 필요는 없어. 사실, 다음 장은 통틀어 성관계 이야기니까.

8장
이럴 땐 이렇게, 성관계에 관한 필수 정보

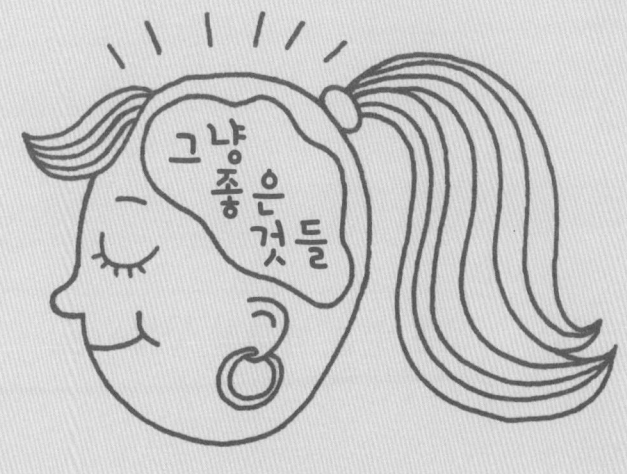

 소녀가 된다는 것

이번 장을 읽으면서 성적 흥분을 느낄 일은 없을 거야.

미안하지만, 그래. 이 책은 그런 책이 아니거든.

이번 장에는 사람들이 **그걸 할 때** 일어나는 에로틱하고 세밀한 성적 묘사는 없어. 말초 신경을 짜릿짜릿하게 자극해서 십 대들을 솔깃하게 할 만한 엄선된 섹스 팁도, 섹스 그러니까 성관계를 하면 어떤 느낌인지 속속들이 묘사한 방대한 정보도 마찬가지야. 여기에 그런 것들은 없어. 진짜 성관계는 선정적인 소설을 가득 채운 성적 판타지와는 엄연히 달라. 그건 무척 은밀하고 개인적인 경험이야. 스스로 발견하도록 자연이 네게 허락한 거야.

그 순간이 오면 뭘 해야 할지 알게 될 거야.

하지만 만약, 이번 장을 읽고 난 뒤에도 **그걸 하는** 데 대한 궁금증이 가시지 않는다면, 언제든지 전문가에게 물어보면 돼.
'아하!서울시립청소년성문화센터'에서는 청소년들의 성 건강에 관한 서비스를 제공하고 있어. 네 궁금증을 다 해결하지는 못하더라도 그분들의 적절한 충고는 큰 도움이 될 거야. http://www.ahacenter.kr을 방문해 봐.

영혼 없는 사과의 전형이군!

이럴 땐 이렇게, 성관계에 관한 필수 정보

먼저, 통계 자료에서 시작해 보자.

국제 아동 구호 단체인 유니세프UNICEF에 따르면 '부유한' 나라 중에서 십 대 소녀들의 출산율이 가장 높은 나라는 미국이었대.[31]

바로 그다음이 영국이고.

헝가리, 폴란드, 아이슬란드에도 십 대 엄마들이 꽤 많아.

하지만, 그런 숫자는 극히 일부일 뿐이야. 미국과 영국은 십 대 낙태율도 무척 높지. 스웨덴, 에스토니아, 프랑스도 마찬가지야.[32]

이런 통계에서 최고를 차지하는 건 부끄러운 일이야.

그럼, 왈칵 분노가 솟구치는 바람에 묻혀 버린 중요한 일을 상기해 보자.

만약에 그걸 하면,

넌 말이야

하게 될지도 몰라.

신중을 기해서 피임하지 않는다면, 당연한 일이야. 피임에 관해서는 조금 뒤에 이야기하려고 해.

---

[31] 이 자료는 《부유국의 어린이 복지》(Child Well-Being in Rich Countries)라고 불리는 2013년 유니세프 보고서에서 가져온 거야. 여기 유니세프의 웹 사이트 주소도 적어 놓을게. www.unicef.org.uk

[32] 이건 구트마커 연구소Guttmacher Institute의 자료야. 구트마커 연구소는 전 세계 사람들의 성과 생식의 건강을 증진하고자 설립된 연구 단체야. 아주 근사한 목표지!

소녀가 된다는 것

두 번째로 말해 줄 건 이거야.

준비가 되었다면 너도 알 거야.
너도 알 거라고.

아마 네 머릿속에 있는 건 저게 다일 거야. 그냥 좋은 것들. 그리고 너는 함께 있는 사람에 대해 완전 만족하면서 안심할 테지. 하지만 성관계에 관해서라면……

모호한 경계선 따위는 없어.

이럴 땐 이렇게, 성관계에 관한 필수 정보

완전 100% 내어놓거나 그렇지 않거나, 둘 중 하나야. 물론 이 점은 네 파트너에게 있어서도 똑같아. 둘 다 어떤 설득도 필요 없어.

반면에 만약 여러 가지 걱정거리가 네 마음속을 떠나지 않는다면, 혹은 단 한 가지 걱정뿐이더라도 넌 준비가 되지 않은 거야. 그런 경우에는 **하지 마**. 즐기지 못할 테니까. 즐기지 못한다면 그 경험은 실망과 비참함 사이 어딘가로 평가되어 기억 속에 자리 잡을 거야. 절대 섹시하지 않은 일이 되어 버리지. 그건 정말 굴욕적인 상황이야. 섹스는 **정확히** 섹시해야만 하니까.

그러니까 만일 상황이 어떤 방향을 향하고 있다 싶으면, 잠깐 멈추고 네 머릿속을 정리해 봐. 머릿속에 이런 생각이 조금이라도 든다면……

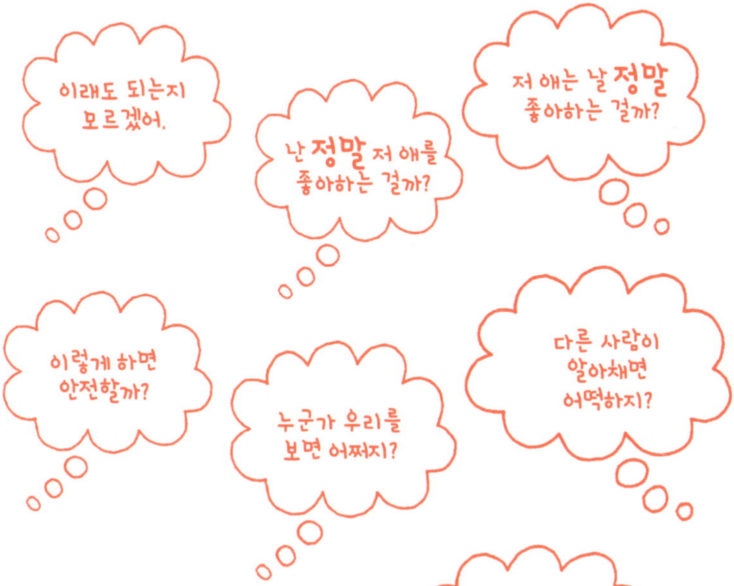

> 이래도 되는지 모르겠어.

> 난 **정말** 저 애를 좋아하는 걸까?

> 저 애는 날 **정말** 좋아하는 걸까?

> 이렇게 하면 안전할까?

> 누군가 우리를 보면 어쩌지?

> 다른 사람이 알아채면 어떡하지?

> 아, 어떡해.

그러면……

 소녀가 된다는 것

잠깐 기다려.

그러고는 남자 친구에게 다음 중 한 가지를 말하는 거야.

 난 준비가 안 됐어.

아니면

 걱정되는 부분이 있어.

그런 친밀한 대화를 나눌 준비도 되지 않았다면, 그 아이와 성관계를 할 준비 또한 되지 않았다는 거야.

여기서, 준비가 되지 않았다는 사실엔 전혀 문제가 없어.

그냥 잠깐 기다려. 그런 다음 네 첫 경험을 **문이 단단히 잠긴 방** 안 **2인용 침대** 위에서 네가 **정말 사랑하는** 누군가와 보내는 특별한 시간으로 만들어. 이러는 편이 **훨씬 나아.** 파티가 열린 친구 집의 식탁 아래나 개 오줌 냄새가 풍기는 끔찍한 지하도나 네가 황홀경에 다다라서 내는 소리를 여동생이나 남동생이 들을지도 모를 그런 곳에서 하는 것보다 말이야.

이럴 땐 이렇게, 성관계에 관한 필수 정보

맙소사. 점점 표정 관리가 힘들어지네, 안 그래? 그래도 이런 말을 하는 까닭은 성관계가 중요한 일이기 때문이야. 내 말을 오해하지 마, 제대로만 하면 그건……

재미있어. 그리고

그리고 **엄청 감동적이야.**

하지만 그 전에 두 사람 **모두** 조금 생각해 볼 필요가 있어. 성관계는 **생식**에 관한 문제이기도 하니까. 말도 안 되게 작은 구멍으로 머리가 참외만 한 아기를 낳아야 하는 쪽은 여자이긴 하지만. 낙태하기 위해 쓸쓸히 병원을 찾아야 하는 사람도 마찬가지고.

**항상 여자야.
절대 남자는 아니지.**

**그러니까 그걸 할 생각이라면,
마땅한 관심과 배려를
받고 있다는 사실을 확실히 해.**

그리고 너도 분명히 그런 준비 과정에 만족해야 해.

그럼 그건 진짜 뭘 위한 거냐고?

가장 간단한 대답은 이거야. 인간의 생존. 남자와 여자가 성관계를 하는 이유는 더 많은 인간을 생산하기 위해서야. 자연은 그걸 실행에 옮기도록 우리를 유혹하기 위해 사랑이라는 감정과 성욕이라는 감각을 만들어서 그 경험에 특별한 호기심이 일게끔 했지.

대단히 영리한 계획이지. 거기에 자연적인 화학 물질이 힘을 더해.

각각 ㄱ ㄴ ㄷ으로 시작하는 그 과정은 아주 간단해.

각성 — 성적으로 흥분한다는 뜻이야. 또는 이런 생각이 처음 드는 거지. '우와, 한번 하자!'

뇌 — 곧바로 뇌가 열심히 일하기 시작해. 성관계를 하게 될 거라는 메시지를 몸의 구석구석에 전달해야 하니까.

당김 — 그러면 호르몬이라고 부르는 화학 물질이 분비되고 몸은 성관계를 할 준비가 돼. 두 사람은 몸과 마음이 서로에게 강하게 당기는 느낌이 들어. 호르몬은 마음이 바뀌지 않도록 기분을 최고조로 끌어올려.

이럴 땐 이렇게, 성관계에 관한 필수 정보

보통은 이런 식이야.

기억해, 여기서 성관계는 삽입 성교, 구강성교, 서로 자위해 주는 것, 모두 해당 돼. 혹시 혼자라면 그냥 자위가 될 수도 있고. (아래를 봐.)

남성과 여성 모두에게 동등하게 적용되는 사항이야. 아기를 만들려면 남자 + 여자의 공식이 성립되어야 하지만, 성적 각성(흥분)을 위해서는 반드시 남자 + 여자의 공식이 성립될 필요는 없다는 점에 주목해. 남자가 다른 남자 때문에 각성할 수도 있고 여자가 다른 여자 때문에 각성할 수도 있어. 혼자인 사람도 모두 스스로 각성할 수 있지.

그러니까 성관계는 단순히 아기를 만들어 내는 일만은 아니야. 거기에는 무척 즐거운 시간을 갖는다는 의미도 있어.

여자들에게 모든 기쁨의 중심은 성기 안쪽에 있어. 거울을 집어 들어서 네 성기를 자세히 관찰하지 못할 경우를 대비해서 그림으로 준비해 뒀어. 이렇게.

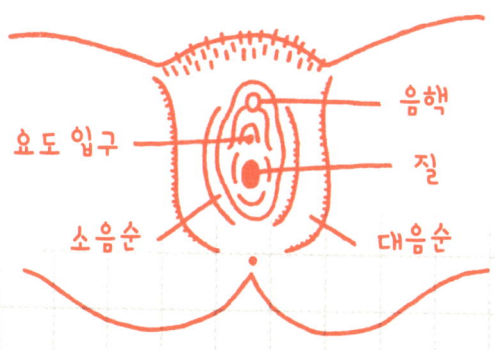

'켜짐' 버튼이 있다면, 바로 음핵이 그 버튼일 거야. 여성만이 가진 기관이지. 음핵은 무척 예민한 데다 도대체 무엇에 쓰이는지 알려진 바가 없어. 대신 살짝 만지면 '엄마야끝내주게짜릿하네' 느낌이 들어. 이 '엄마야끝내주게짜릿하네' 느낌이 발끝까지 찌릿찌릿하게 전해지면서 '와우우우' 소리가 절로 나오면 바로 성적인 절정에 도달한 단계인 거야. '오르가즘'이라고도 불러. 이런 일이 항상 일어나는 건 아니야. 그 중요한 버튼을 적절하게 '누르지' 않은 상태에서는 좀처럼 도달하기 힘들어.

스스로 버튼 누르기

방해하지 마시오.

남성은 자신의 버튼을 누르는 데 거리낌이 없어. 사실, 십 대 소년들과 자위는 떼려야 뗄 수 없이 손에 잡…… 음…… 그러니까 손으로 잡은…… 내가 무슨 말 하려는 건지 너도 알 거야.

하지만 어떤 이유에서인지 여성의 자위는 좀처럼 거론되지 않아.

저녁 식사를 하는 동안 화두로 삼을 만한 내용이 아니라는 점은 확실하지만 자위 자체에는 아무런 문제도 없어. 논리적으로 따져 봐도 준비물이라야 너의 깨끗한 손과 절대 방해받을 걱정 없는 편안한 환경이면 충분하지. 네 방이나 방에 딸린 화장실 같은 곳이면 되거든. 버튼을 누르는 일은 몸의 구석구석에 대해 알아 가고, 만지면 기분이 좋아지는 부분이 어딘지 찾기 위한 좋은 방법이야. 게다가 우리가 아는 성행위 중 가장 안전한 방법이기도 해.

이럴 땐 이렇게, 성관계에 관한 필수 정보

살다 보면 어느 순간 네 버튼을 기꺼이 눌러 주려는 특별한 누군가와 함께할 때가 올 거야. 누가 됐든 상대방도 네가 똑같이 해 주기를 원할 거야. 상대가 남자라면 성기는 이런 모습일 거야.

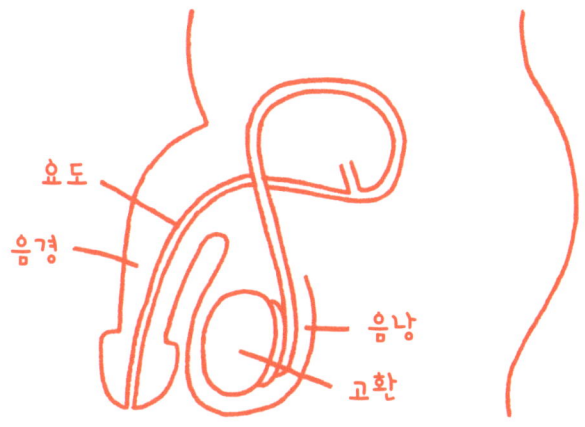

음핵이 여성의 '**켜짐**' 스위치라면 음경은 남성의 '**작동**' 버튼일 거야. 아니면 손잡이라고 불러야 할지도. 남성이 자극을 받으면 음경이 딱딱해지면서 부풀어 올라. 흥분한 상태가 계속되면 음경이 완전히 발기하게 돼.

자 이 흥미진진한 그림은 잠깐 놔두고 다른 곳으로 주의를 돌려 보자.

스스로 이런 질문을 해 봐.

그 질문에 대한 답은 이럴 수도 있어.

> 헐, 당연하죠.
> 솔직히 쌍둥이면 좋겠어요. 벌써 이름도 정해 뒀다고요. 타이라와 타이론으로요. 그리고 머리부터 발끝까지 '구찌 베이비'로 쫙 빼 입힐 거예요. 내 아이들은 특별하니까요! 그런데, 사실은 화학 공학을 공부해서 학위부터 따고 싶어요.

내가 말하는 건 네가 대학을 졸업한 **뒤**거나, 세계 여행을 한 **다음**이거나, 결혼을 하고 **나서**거나, 네 남자 친구랑 동거한 **다음**이거나, 몇 년 사회생활을 한 **뒤**거나, 네가 행복감에 젖은 인생의 어느 시점에서 거나, 뭐 그런 때가 아니야. 난 바로 **지금**을 말하는 거라고.

네가 십 대일 때, 그러니까 널 돌봐 주는 어른들과 한집에 살면서 매일매일 학교에 가야 하는 동안 말이야.

아직도 대답이 '그렇다'라면, **심각하게** 고민해 봐.

이럴 땐 이렇게, 성관계에 관한 필수 정보

네가 놓치게 될 것들은

엄청 다양하고 방대한
교육의 기회

그리고

흥미진진한 직업을 가질 수많은 기회

그리고

**아무런 근심 걱정 없는
밤 외출**

그리고

너 자신을 위해 쓸 돈

하지만 그중에서도 가장 절실한 건 이거야.

그 대신, 맞아, 눈에 넣어도 아프지 않을 예쁜 아기를 얻겠지. 하지만 그건 네가 세상을 자유롭게 경험하기도 전에 막중한 책임을 떠맡아야 한다는 뜻이기도 해.

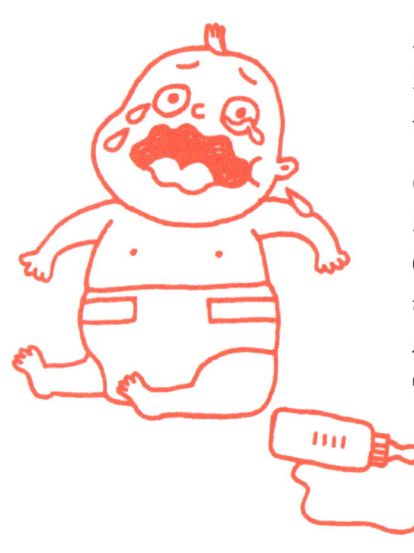

서두를 필요 없어. 여성의 생식 능력은 30대가 넘어도 줄지 않으니까. 긴장 풀어. 차라리 토끼 한 마리를 키워 봐.

어쨌든 학교에서 유일한 십 대 엄마가 되겠다는 터무니없는 생각을 했던 게 아니라면, 일은 쉬워져. 삽입 성교를 하지 않거나 남자 친구가 콘돔을 사용하도록 하는 거야. 성관계 때마다 말이야.

콘돔은 작지만 재주가 좋아.

그건 두 가지 중요한 기능을 가졌어.

 정자가 질로 들어가서 '난자랑 수정하기'라는 신나는 게임을 펼치지 못하도록 막아.

 남자 친구가 너와 네 몸을 소중히 여긴다는 증거야.

그건 이런 식으로 기능해.

이럴 땐 이렇게, 성관계에 관한 필수 정보

'왜 콘돔을 사용해야 하나' 순서도

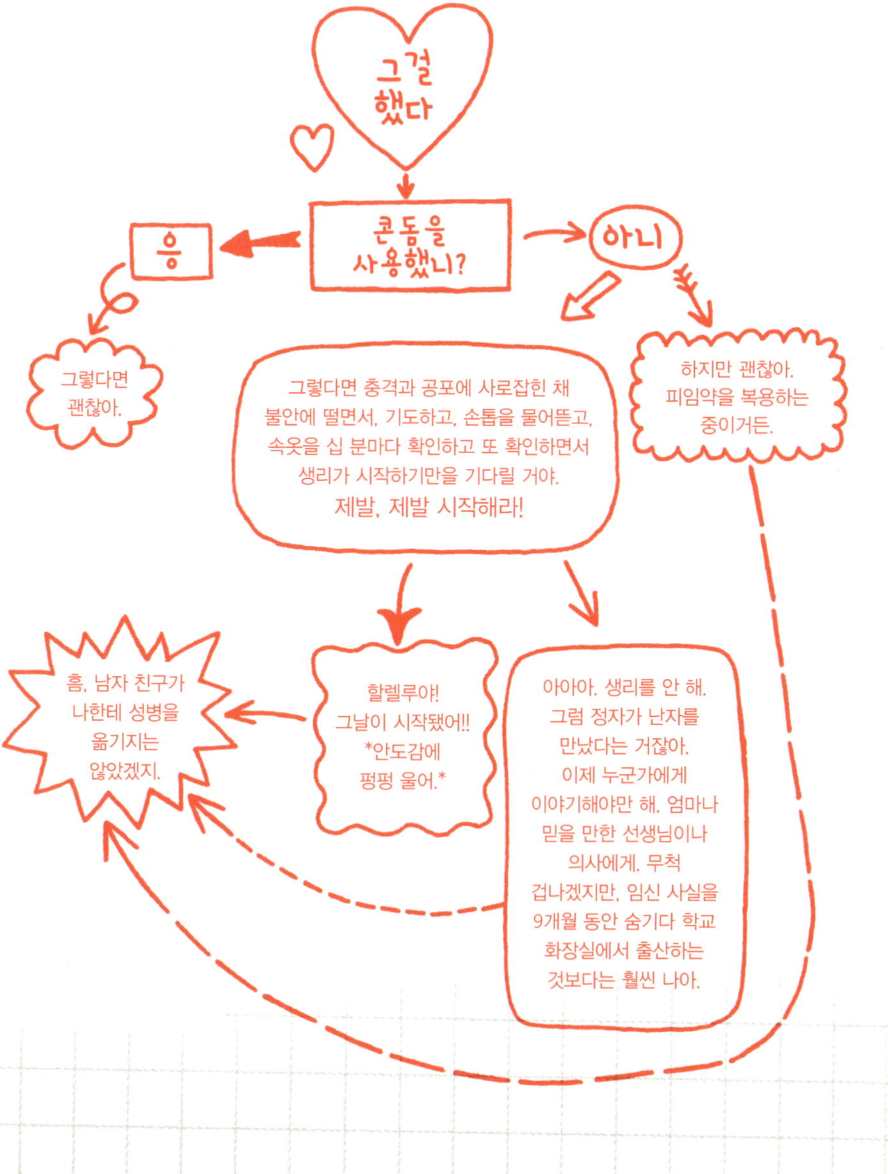

그걸 했다

↓

콘돔을 사용했니?

← 응 / 아니 →

그렇다면 괜찮아.

하지만 괜찮아. 피임약을 복용하는 중이거든.

그렇다면 충격과 공포에 사로잡힌 채 불안에 떨면서, 기도하고, 손톱을 물어뜯고, 속옷을 십 분마다 확인하고 또 확인하면서 생리가 시작하기만을 기다릴 거야. 제발, 제발 시작해라!

흠, 남자 친구가 나한테 성병을 옮기지는 않았겠지.

할렐루야! 그날이 시작됐어!! *안도감에 펑펑 울어.*

아아아. 생리를 안 해. 그럼 정자가 난자를 만났다는 거잖아. 이제 누군가에게 이야기해야만 해. 엄마나 믿을 만한 선생님이나 의사에게. 무척 겁나겠지만, 임신 사실을 9개월 동안 숨기다 학교 화장실에서 출산하는 것보다는 훨씬 나아.

소녀가 된다는 것

저런 상황이 **너무 불안하게** 들릴지도 모르니까 두 가지만 확실히 할게.

> 피임약을 복용하지 않고 성관계를 한다고 다 임신으로 이어지는 건 아니야. 그럴 가능성이 있다는 뜻이야.

> 콘돔 없이 성관계를 한다고 다 성병에 걸리는 건 아니야. 그럴 가능성도 있다는 얘기야.

인생은 스트레스로 가득해. 이런 일로 걱정을 더할 이유가 뭐니?

다른 피임법도 있어. 하지만 성병에 걸리지 않도록 막아 주는 유일한 방법은 콘돔을 사용하는 거야. 남자 친구더러 꼭 사용하라고 해. 착한 남자 친구라면 그렇게 할 거야. 더는 말이 필요 없지. 그런데 만약에 남자 친구가 이런 얘길 한다면……

> 그건 코트를 입고 목욕하는 거랑 같다고.

> 콘돔 없이 하는 게 느낌이 훨씬 좋아.

> 콘돔을 끼우는 동안 분위기가 죽잖아.

> 날 정말 믿는다면 콘돔 따위를 하라고 하진 않을 것 같은데.

> 콘돔은 나한테 안 맞아. 내가 좀 크잖아.

> 괜찮아. 네가 '사후 피임약'을 먹으면 되잖아.

이럴 땐 이렇게, 성관계에 관한 필수 정보

그렇다면 네 남자 친구에게 정말 필요한 건 그 녀석이 기어들어 갈 만큼 커다란 콘돔이 아닐까 해. 하는 짓이 정말 거시기 같잖아.

누군가가 사후 피임약 얘기를 한 것 같은데?

응급 피임약이라고도 불러. 그리고 진짜 말 그대로 '응급 상황'에서 사용하는 방법이야. 그건 콘돔도 챙기지 않는 네 남자 친구랑 흥분해서 자제력을 잃었을 때마다 걸핏하면 먹어도 되는 그런 약이 아니야.

사후 피임약은 성관계를 가진 다음 바로 먹어야 해. 곤란한 점은 쉽게 구할 수 있는 약이 아니라는 거야. 병원에 가서 의사에게 처방전을 받아야 하거든. 또, 무척 독한 약이라서 메스껍거나 어지러울 수도 있어. 지난밤의 즐거운 기억을 송두리째 앗아가는 그런 약이라 할 수 있지…….

두말하면 잔소리:

언제나 예방이 치료보다 낫다.

 소녀가 된다는 것

임신했을 경우에는 '치료'라는 말은 적당하지 않겠지. 아픈 것이 아니니까. 네 생식 기관이 제대로 작동했기 때문에 임신이 되었고 아기를 낳기까지 9개월간의 과정이 진행되기 시작했다는 뜻이야. 그러니까 다시 돌아가 보자.

언제나 예방이 낙태보다 낫다.

그 통계치 기억하지? 십 대 임신이 전부 출산으로 이어지지는 않아.

낙태는 의학 기술을 사용해 임신 상태를 끝내는 일이야. 소녀나 성인 여성이 낙태를 선택하는 데는 여러 가지 다양한 이유가 있어. 그런 선택은 절대적으로 당사자의 권리이기도 해. 결국, 그 사람의 몸이니까. 새로운 생명을 세상에 내보내는 일은 막대한 책임이 따르는 동시에, 엄마라면 누구라도 죽는 날까지 깨달아 가야 할 중요한 무언가가 요구돼. 아기를 키우건 입양 보내건 마찬가지야. 사실, 가끔은 낙태가 더 나은 선택일 때도 있어. 하지만 십 대 소녀에게도 성인 여성에게도 무척 어렵고 마음 아픈 결정이야. 낙태는 결코 좋은 경험이 될 수 없어. 그 결정에 따르는 문제는 바로

　　A. 두 가지 약물을 엄청 많이 복용한 상태에서 강제로 조기 유산을 시켜.

　　　　　　　　　　　아니면

　　B. 외과적인 수술로 태아, 그러니까 뱃속의 아기를 몸 밖으로 빨아내.

맙소사.

남자 친구에게 꼭 콘돔을 사용하라고 해.

이럴 땐 이렇게, 성관계에 관한 필수 정보

경구 피임약

가장 많이 쓰이는 피임법은 약을 먹는 방법이야. 성관계 도중에 콘돔을 끼우느라 수선을 떨지 않아도 된다는 뜻이기 때문에 경구 피임약을 선호하는 남자들도 있어. 똑같은 이유로 여자들도 이 방법을 선호해. 게다가 피임약을 먹으면 생리를 아주 가볍게 하게 되지. 사실 여자가 매달 생리를 할 때마다 심한 고통을 겪는다면 의사는 '경구 피임약을 복용'해 보라고 권할 거야. 성욕이 왕성하건 말건 상관없이 말이야. 꽤 솔깃한 일이지. 하지만 성욕이 왕성하면서 피임약을 복용 중이라면 다음 두 가지 사실을 잘 알아 둬야 해.

1. 경구 피임약은 처방받은 대로 정확하게 복용해야 해. 깜빡깜빡하는 성격이라 약 먹는 걸 여기서 잊어버리고 건너뛰면 그냥 사탕을 먹고 있는 것과 다를 바 없어. **피임약은 제대로 복용해야 효과를 발휘해서 임신하지 않도록 확실히 막아 줘.**

2. 경구 피임약은 임신을 막아 줘. 하지만 성관계로 전염되는 감염병은 막지 못해.

다시 말해서, 계획적으로 잘 복용하고 상대방의 성기가 깨끗하고 감염되지 않은 상태라는 걸 **확신**할 수 있다면 경구 피임약은 더할 나위 없이 훌륭한 방법이야.

 소녀가 된다는 것

성관계에 관한 더 많은 이야기

먼저, 육체적 관계를 갖겠다고 마음먹었다면 남자 친구가 꼭 콘돔을 사용하도록 해야 한다는 얘기를 내가 했었니?

물론 남자 친구는 반드시 그래야만 해. 그래야 성병 감염의 위험도 현저히 줄어들고 머리를 쥐어뜯으면서 걱정할 일도 덜 해.

아래에 무엇이 도사리고 있는지 말이야.

성병(성 매개 감염증이라고도 불러)은 이름만큼이나 악명 높지. 정말 많이들 주고받지만 정작 원하는 사람은 한 명도 없어. 한 번 걸리면 없애고 싶어 몸이 근질근질할 거야. 하지만 성병에 걸렸다고 항상 간지러운 건 아니야. 소변을 볼 때 통증을 느낀다거나 은밀한 부위에 오톨도톨하게 뭐가 나거나 질 분비물에서 냄새가 나는 등의 증상이 나타나기도 해. 눈에 띄는 증상이 전혀 없을 때도 있어. 클라미디아 감염증이 특별히 그런 경우야. 이건 가장 흔한 성병이야. 성관계 중에 전염되는데 병균을 '주는 사람'이나 '받는 사람'이나 둘 다 뭐가 잘못되었는지 알지 못해. 그래서 치료하지 않고 놔두기 쉬워. 클라미디아 균은 그 틈을 타 조용히 몸 안의 기관들을 망쳐 놓지. 장기간에 걸쳐 영향을 받으면 불임이 될 수도 있어. 즉 아기를 가질 수 없게 돼. 만약에 애인이 아닌 누군가와 콘돔을 사용하지 않고 성관계를 가졌다면 클라미디아 검사를 받아보는 것이 좋아. 산부인과 같은 여성 전문 병원을 찾아가 문의하면 돼. 심상치 않은 눈빛과 당황스러운 질문을 받을 위험이 있긴 하지만 개의치 말라고!

이럴 땐 이렇게, 성관계에 관한 필수 정보

악몽에 시달리다가 앞으로 눈에 흙이 들어가기 전엔 **절대** 성관계 따위는 하지 않겠다고 맹세하기 전에, 이걸 기억해 둬.

많은 사람이 성관계를 숱하게 하지만 어떤 문제도 겪지 않는 경우가 대부분이야.

그건 운이 좋기 때문일지도 몰라. 어쩌다 감염되는 건 **빌어먹게 운이 나쁘기** 때문이고.[33] 하지만 당사자들도 조금은 책임이 있는 것 같아. 통계적으로 성관계를 맺는 파트너 수가 적을수록 원치 않는 선물을 떠안을 위험도 줄어들거든. 게다가 네 파트너도 너에게서 뭔가 떠안을 위험이 줄어들지.

순식간에 모든 재미를 앗아가 버리는 따분하기 짝이 없는 선전 문구처럼 들리겠지만 이건 수학적 진리야.

게다가, 남자 친구가 콘돔이라는 작고 놀라운 물건을 사용하면 어떤 문제도 겪을 일이 없어. 내가 이미 강조했지만 말이야…….

필요한 부분만 쏙쏙 뽑아 알려 줬으니, 성과 관련해서는 이 정도면 충분한 것 같아. **원한다면** 너 스스로 알아낼 수 있는 **엄청 섹시한 정보**들도 셀 수 없이 많으니까.

---

[33] 만약 그런 일을 겪게 된다면, 심호흡을 하고 의사 선생님을 찾아가. 약을 처방받으면 상황을 해결할 수 있어. 감염됐을 때 필요한 건 바로 그거야. 해결 말이야. 더러운 발가락이나 상처 난 잇몸을 그냥 놔두진 않을 거잖아, 안 그래?

 소녀가 된다는 것

어쨌든 분명히 준비될 때까지 기다리는 일도 그럴 만한 가치가 있어. 백만 배는 더 즐거운 상황은 완전 짜릿한 기분을 느끼면서

좋아

좋아

라고 환호할 때지,

'아, 젠장.'

이라고 숨죽여 말할 때가 아니니까.

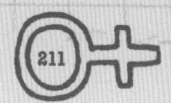
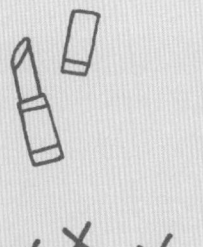

9장
여자가 된다는 것

 소녀가 된다는 것

그래, 바로 그거야. 여자의 삶에서 십 대 소녀 시절은 독특하고 기억에 오래 남을 만큼 인상적인 데다 아주 특별해. 우정을 나누고 즐거움을 만끽하고 사랑에 빠지고 배꼽이 빠지도록 깔깔대며 웃을 수 있는 그런 때야. 하지만 동시에 살아가는 방법을 배워 가는 때이기도 해. 이런 것들을 끌어안고 말이야.

성차별

그리고

심술궂은 말

그리고

생리

그리고

또래 압력

그리고

기호학

그리고

제모

그리고

열병 같은 첫사랑

거기에다 흔히 간과하기 쉬운 사실이자 소년들이 하는 말로

……이 진짜 대박 사건이지.

십 대 소녀가 된다는 것은 분명히 생각보다 까다로워. 십 대 소년이 되는 것도 그렇게 간단하진 않아. 사실, 성장은 누구에게나 낯설고 도전적인 일이야. 또 꽤 벅차게 느껴지기도 해. 하지만 이것만은 확실해.

도전 그리고 곤궁부투 이 모든 것은 빼놓을 수 없는 인생의 한 부분이야.

정말 그래.

그 덕분에 우리는 더 강해지지.

진짜 특별한 것은 조금 더 노력하지 않으면 절대로 이뤄 낼 수 없어.

소년과 나비 이야기 들어 본 적 있니? 학교 조회 시간에나 들을 법한 시시한 이야기야. 하지만 사실 전혀 시시하지 않아. 절대 그럴 수 없지. 왜냐하면, 난 옛날 옛적 학교 조회 시간에 이 이야기를 들었는데도 아직도 기억하고 있거든. 엄청 오래된 이야기라서 누가 처음 시작했는지 아무도 몰라. 원저작자도 없으니까 누구나 할 수 있는 이야기인 셈이야. 이제 내가 그 이야기를 들려주려고 해. 한두 가지 조금 손보긴 했어. 그냥, 그래도 상관없으니까.

소녀와 나비

어느 날, 한 소녀가 뜰에서 난생처음 보는 뭔가를 발견했어요. 그건 솜털이 보송보송한 모습으로 커다란 나무의 이파리에 붙어 있었어요. 소녀는 달려가 할머니를 모셔 왔어요. 그러고는 솜털이 보송보송 난 이상한 물건을 보여드렸지요. 할머니는 모르는 게 없었거든요.

"이건 고치란다."
할머니가 말해 줬어요. 모르는 게 없는 분이었으니까요.
"그 속엔 말이지, 작은 애벌레가 들어 있단다. 때가 되면 고치를 뚫고 밖으로 나와서 아름다운 나비로 일생을 보낼 거야."

소녀는 마음이 끌렸어요. 그래서 매일매일 뜰에 나가 혹여나 움직이나 않을까 고치를 유심히 살폈어요.

며칠이 지나지 않아, 고치를 둘러싼 보송보송한 실 안쪽에서 알 수 없는 큰 소동이 일어나는 낌새가 보였어요. 고치 안의 나비가 밖으로 나오려는 중이었죠.

하지만 힘에 겨운 눈치였어요. 사실, 그 안에 갇혀서 옴짝달싹 못 하는 것처럼 보였답니다.

집 안으로 뛰어 들어간 소녀는 가위를 가지고 나왔어요. 합리적인 선택이었죠. 가위를 들고 있을 때면 누구라도 그렇듯이 말이에요. 소녀는 나비가 쉽게 나올 수 있도록 조심스럽게 고치를 잘라 구멍을 냈어요.

기묘한 생물이 바닥으로 떨어졌어요. 나비도 애벌레도 아니었죠. 그건 몸에 비해 너무 작고 쭈글쭈글한 날개가 붙은 이상한 덩어리처럼 보였어요.

"웩."

소녀는 얼른 할머니를 모셔 왔어요.

모르는 것이 없는 할머니가 뜰에 나와 흙 위에서 꿈틀거리는 작고 가여운 생명체를 내려다봤어요. 그러고는 손녀의 손에 들린 가위를 바라봤죠.

"가위가 다 망쳐 버렸구나. 애벌레는 힘에 겹더라도 고치에서 나오려 발버둥을 치며 애쓰는 과정을 거쳐야 온전히 나비로 탈바꿈하게 된단다. 나비가 되기 위한 필수 과정인 셈이지. 고군분투하는 중에 몸속의 체액이 밖으로 빠져나가 새로운 날개 속으로 들어가는 거야. 그러면 날개는 아름다운 색을 띠고 날아오를 힘을 얻지. 하지만 이것 좀 보렴. 이 연약하고 작은 생명은 이제 날지 못하게 되었어. 네가 베푼 친절은 사실 잔인한 짓이었단다."

할머니는 꿈틀대는 가여운 생명체를 꾹 밟았어.

"난 친절을 베풀기 위해 잔인한 행동을 하는 거란다. 푸른 박새의 부리에 쪼여 천천히 고통스럽게 죽어 가는 것보다는 내 신발 아래서 순식간에 명을 달리하는 편이 훨씬 나으니까 말이야."

그 이후로 소녀는 때때로 겪는 고군분투의 중요성을 절대 잊지 않았답니다.

소녀가 된다는 것

다시 한 번 말할게.

가치 있는 것을 얻기 위해서는 좀 더 노력할 필요가 있어.

좋은 친구들을 사귀고 우정을 지켜 나가는 일이나 환상적인 시험 성적을 받는 일이나 좋은 평을 얻는 일이나 운전면허를 따는 일이나, 무슨 일이든 마찬가지야.

다른 일들, 그러니까 올림픽에서 메달을 따거나 유명한 가수가 되거나 네가 정말 좋아하는 일을 직업으로 갖고 보람차게 일한다거나 하는 일은 수년간 굳센 의지를 갖고 엄청난 노력을 기울여야 해. 보통은 바로 지금이 시작이야. 네가 학교를 졸업하기 전 말이야. 줄기차게 시험을 보는 데는 다 이유가 있지 않겠니?

그러니까 만약 십 대 소녀로 지내는 데 성가시기만 하고 아무런 의미도 없다고 느끼는 부분이 있다면, 자신을 단련하는 중이라고 생각해 봐. 십 대 시절의 도전 과제를 어떻게 처리하느냐에 따라 훗날 어떤 여성으로 자라날지가 결정될 테니까.

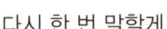

그건 너에게 달렸어

자기 일을 훌륭하게 처리해 내는 여자가 되고 싶니, 아니면 침대에 누워서 꼼짝도 하기 싫어하는 여자가 되고 싶니?

멋진 직업을 가진 여자가 되고 싶니, 아니면 아파서 결근한다는 가짜 문자나 보내 달라고 엄마에게 조르는 그런 여자가 되고 싶니?

"해 볼게요."라고 말하는 여자가 되고 싶니, 아니면 어깨를 으쓱하면서 "못 하겠는데요."라고 말하는 여자가 되고 싶니?

결정적으로, 사람들이 좋아하고 신뢰하는 그런 여자가 되고 싶니, 아니면 뒤에서 다른 사람 험담이나 하는 그런 여자가 되고 싶니?

주변을 둘러봐. 학교든 집이든 네가 가는 어디에서건, 네가 마주치는 사람들은 모두 이미 미래의 네 모습을 보기 시작했어. 게다가 그날은 그렇게 멀지도 않았지. 너도 거울 속에서 미래의 네 모습을 얼핏 볼지도 몰라.

이미 말했지만 한 번 더 말할게. 사람은 다 달라. 분홍색 물건을 좋아하는 소녀도 있고 그렇지 않은 소녀도 있어. 예쁜 치마 입는 걸 좋아하는 소녀도 있고 그런 옷은 절대 입지 않는 소녀도 있어. 어떤 소녀는 군인이 되길 꿈꾸고 어떤 소녀는 앉아서 결혼식 날을 상상하기도 해. 그리고 있잖아, 둘 다 하고 싶은 소녀도 있어. 모두가 똑같은 음악에 맞춰 춤추는 건 아니야. 하지만 세상을 엉망으로 만들거나 누군가를 해치거나 재수 없는 태도로 허세 부리거나 떳떳하지 못한 짓이나 하고 다니지만 않는다면, 문제 될 건 없지 않겠어?

지구 상엔 각양각색의 사람이 존재하니까.

 소녀가 된다는 것

그 사실을 깨닫고 인정한다는 점이 바로 네가 성장하고 있다는 명백한 증거야.
그건 곧 거울 속에서 널 마주 보는 사람이 묘한 표정을 지은 재수 없는 인간은 절대 아니라는 뜻이기도 해.

그럼 여자가 된다는 것은 소녀가 된다는 것과는 다른 일일까?

맞아, 그리고 아니기도 해. 크게 다르다는 느낌이 들지는 않을 거야. 넌 늘 좋아하던 영화와 음악과 책과 옷을 좋아하겠지. 몇몇 친구들과의 우정도 변함없을 거야. 하지만 나이가 들어 가면서 뭔가 변했다고 느끼는 순간이 분명 있을 거야. 첫 직업을 가졌을 때일 수도 있겠지. 아니면 집을 떠나 난생처음 가족과 떨어져 살기 시작했을 때거나. 어쩌면 계산기를 손에 들고 네가 번 돈으로 새 휴대 전화를 장만할 여유가 되는지 따져 보는 순간이 될지도 몰라…….

그 뭔가를 바로 **책임감**이라고 불러.

그건 부모님의 어깨에서 너에게로 옮겨 올 거야. 그러고 나면 스스로 책임을 져야 해.

기분이 끝내줄 거야. 스스로 모든 결정을 내리고 가고 싶은 곳은 어디나 가고, 하고 싶은 일도 마음대로 하고 먹고 싶은 것도 맘껏 먹고 입고 싶은 옷도 마음대로 입을 수 있는 데다, 친구나 남자 친구와 함께 살거나 반려견이나 반려동물을 기르고, 밤새도록 영화를 보고 소리를 적당히 높여 음악도 듣고 좋아하는 그림을 거실 벽, 제일 마음에 드는 위치에 걸 수도 있으니까.

하지만 도전이 끝난 건 아니야.

지구 별에는 70억이 넘는 사람들이 살고, 세상은 호락호락하지 않아. 게다가 요즘처럼 유명 인사들이 문화를 주도하고 리얼리티 프로그램이 판치는 시대에서는 도전해야 한다는 사실을 쉽게 잊기 마련이지. 좋은 일이 그냥 기적처럼 일어날 거라고 생각하는 쪽이 마음 편할 테니까. 하지만 그런 일은 절대 없어.[34]

자신에게 좋은 일들이 일어나도록 하려면 진짜 열심히 노력해야 해.

그건 누구에게나 마찬가지야.

하지만 우리는 여전히 남성이 지배하는 세상에서 살고 있으니까, 그건 여성들에게만 진실이기도 해.

여자로 살아간다는 것은 엄청난 노력을 해야 해. 너도 곡예 하듯 동시에 수많은 역할을 해내려면 피나는 노력이 필요하다는 사실을 깨닫게 될 거야. 믿음직스러운 친구이자 사려 깊은 딸이자 사랑스러운 배우자이자 헌신적인 엄마의 역할을 해내는 동시에, 직장에서도 잘하려고 최선을 다 하겠지. 어쩌면 누군가의 엄마는 되지 않을 수도 있어. 네 인생을 신에게 헌신하거나 감기를 치료하는 약을 개발하거나 자전거를 타고 세계 일주를 하거나 온종일 궁둥이를 붙이고 앉아서 책을 쓰게 될지도 모르지. 이 모든 일들 역시 엄청난 노력을 해야 해.

---

[34] 잔인하지. 하지만 내가 잔인한 말을 하는 건 소녀의 할머니처럼 친절을 베풀기 위해서야.

두 배로 엄청난 노력을 해야 할지도 모르고. 그런 모습을 흘끔 쳐다보고 대체 뭘 하는 건지 궁금해하며 관심을 보일 사람은 거의 없을 테니까.

네가 할 수 있는 건 그저 최선을 다하는 것뿐이야.

내가 장담할게. 주머니를 탈탈 털어 나온 동전을 걸어도 좋아. 지금 당장 시작한다면, 넌 여자로 살아가는 일에

도움이 될 만한 웹 사이트와 전화번호

난 무언가의 전문가가 아니야. 이 책을 쓰기 위해서 인터넷으로 조사하고 다양한 글을 읽었어. 아래의 목록은 내가 조사하면서 발견한 진짜 괜찮은 웹 사이트야. 나도 큰 도움을 받았고. 너도 마찬가지일 거야.

학대와 폭력
 * 안전 Dream (학교폭력, 가정폭력): http://www.safe182.go.kr
 * 경찰청 사이버 안전국: http://netan.go.kr/index.do
 * 푸른나무 청예단: http://www.jikim.net/

음주와 약물
 * 한국마약퇴치운동본부: http://www.drugfree.or.kr/

신체와 정신의 건강
 * 주니어 건강in: http://hi.nhis.or.kr/fa/ggpfa001/ggpfa001_m00.do
 * 대한정신건강의학과의사회 온마음: http://www.onmaum.com/bbs/index.html?code=child

성
 * 아하!서울시립청소년성문화센터: http://www.ahacenter.kr
 * 푸른 아우성: http://www.aoosung.com
 * 한국청소년성문화센터협의회: http://wesay.or.kr
 * 유쾌한섹슈얼리티인권센터: http://sexuality.or.kr
 * 청소년성소수자위기지원센터 띵동: http://ddingdong.kr
 * 한국레즈비언상담소: http://www.lsangdam.org

누군가 이야기할 사람이 필요하면 아래 번호로 전화를 해 봐. 상냥한 사람이 네 전화를 기다리고 있으니까.

헬프콜 청소년전화 1388 : (국번없이)1388, (휴대전화)지역번호 + 1388
탁틴내일성폭력상담소 : 02-3141-6191
학교 폭력, 가정폭력, 성폭력 신고 : 117, 182
청소년성소수자위기지원센터 띵동(긴급상담) : 02-924-1227 / 010-8844-2119

그리고 잊지 마. 넌 믿을 만할 어른에게 언제나 말할 수 있어야 해. 소녀가 되는 건 스스로 모든 걸 헤쳐 나가야 한다는 뜻이 아니니까.

 소녀가 된다는 것

유용한 용어 간편하게 찾아 보기

ㄱ 가슴 53~55
각성제 66
거시기 같은 짓 205
게이 63, 100
결별(헤어지기, 차이다) 176~178, 179
경구 피임약 203, 207
고데기 130
구강성교 187, 197
그날 75, 84, 86, 94, 203
기호학 109, 169, 212
낄낄이 66

ㄴ 낙태 191, 195, 207
눈썹 22, 143~145

ㄷ 단짝 친구 155~156
담배 64~67
대마초 66
데오도란트 57, 98, 148, 162
동성애자 157~159, 185, 187
또래 압력 63, 141, 212

ㅁ 마리화나 66
마스카라 100, 102~103
마약 64~66
면도 57, 121, 141, 146~152
몸무게 112
미간 143

ㅂ 반하다(마음을 뺏기다) 154~162
변화 51~72
부담감 17~18, 21~22, 42, 59, 69, 100, 112
부모님 42, 65, 69, 100, 107, 124, 131, 133, 218
불평등 32
브래지어 48, 55, 57, 108
브라질리언 제모 151~152
블랙헤드 52, 71
비키니 라인 150
빵 66

ㅅ 사과하기 68~69
사이버 폭력 62
사춘기 49~51, 78, 166
사후 피임약 204~205
생리 42, 56, 58, 73~94, 203, 207, 212
생리대 80~83, 85
생리통 88~92
성 매개 감염증 208
성관계(섹스) 77, 93, 186~188, 190, 207
생물학적 성 18
성범죄 법 153, 186
성별 권력 불균형 27~28, 30, 34
성병 203~204, 208
성적 자기결정권 77, 187
성차별 31~34, 42, 212
손가락 섹스 187
술 64~65
스트레이트너 128~129
스프레이형 여성 청결제 85

ㅇ 인터넷 60, 62
암내 97
양성애자 157~158
양육 20, 27
여드름 42, 48, 52~54
여성 영웅 37, 72
여성 참정권 운동가 30
여자친구 156
영원한 우정 71, 179
오르가즘 198
왁싱 146, 150
월경전 긴장증(Premenstrual Tension) 88, 92~93
월경전 증후군(Premenstrual Syndrome) 88, 92~93
월경 주기 77~79, 86
유륜 53
음경 11~12, 187, 199
음핵 198~199
일상적인 성차별 32

ㅈ 자신감 45~48, 65, 69, 86, 141, 169
자위 187, 197~198
젖멍울 54
제모기 147
좋은 여자 친구 테스트 181~185
주니어 브라 53
진심 어린 사과 68
진한 애무 187
진한 키스 174
질 56, 177, 187, 197, 202
질 분비물 56, 58, 208

ㅊ 책임감 218
첫사랑 154, 177, 212
청소년기 49, 51~52, 69, 71
체모 109, 139~140, 145
체질량 지수 112
체취 44

ㅋ 컨실러 102~103
콘돔 202~209
클라미디아 208
키스 마크 174

ㅌ 탐폰 82~85
트랜스젠더 21

ㅍ 파운데이션 52, 102
패드 80
패션 105, 107, 116
페미니스트 30, 139~140

ㅎ 호르몬 49~52, 58, 60, 78~79, 98, 125, 138, 155, 196
화장 52, 100~104, 106

감사를 전하며 ♡

많은 분과 나눈 대화 덕에 이 책을 쓸 수 있었어요. 제가 사적인 질문을 엄청나게 했었거든요. 질문에 모두 성심성의껏 답해 주었지만 난감한 질문에는 웃긴다는 표정으로 대답을 대신한 분들도 있었죠.

어쨌든, 조카 엠마 롱에게 고맙다는 말을 전합니다. 나보다 눈썹에 대해 훨씬 더 많은 것을 알고 있는 아이죠. 또, 하이힐을 신고 걷는 법을 알려 주었어요. 내가 지나치게 솔직하다는 의견을 들려준 친구 도나 한셀에게도 감사를 전합니다. 이 책에 자신의 말을 인용하도록 허락해 주신 펜실베이니아 라파예트대학의 수산 바소 교수님께도 감사드려요. 노퍽의 패스턴고등학교 학생들로 구성된 표본 집단도 빼놓을 수 없죠. 각자의 생각과 의견을 기꺼이 들려준 것이 저에게 큰 도움이 되었어요. 이 학생들은 최고의 치어리더로 활약 중이랍니다. 여러분 덕분에 노퍽의 미래는 걱정 없을 것 같아요.

십 대 시절 내가 생존할 수 있도록 도와준 엄마에게도 감사드려요. 남편 그레이엄에게도 고마운 마음을 전합니다. 마지막으로 멋진 삽화를 그려 준 동료이자 입스위치 출신 그림 작가 젬마 코렐 씨에게도 대단히 고맙다는 말을 전합니다. 또 멋진 책《소년이 된다는 것(근간)》을 써서 탄탄한 길을 닦아 준 제임스 도슨 씨에게도 감사를 전합니다.

무엇보다도 가장 고마운 사람들은 이 책을 읽는 여러분이랍니다.

사랑을 담아서 헤일리 롱.